袁世凱
――現代中国の出発

岡本隆司
Takashi Okamoto

岩波新書
1531

はじめに——袁世凱と日本人

二十一ヵ条要求

一九一四年六月二八日、セルビアの一青年がサラエボで、オーストリア＝ハンガリー帝国の皇位継承者夫妻を射殺した。この事件がかつてない規模の凄惨な戦争を導くとは、誰も考えていなかったにちがいない。第一次世界大戦はかくて、思いもかけないきっかけではじまり、また予期せぬ結果を残す。

百年も前ながら、世はすでにグローバル時代。大戦はヨーロッパだけの問題ではありえなかった。たとえば日本政府の元老は、それを大正の「天佑」と称し、ときの大隈重信内閣も、これを機に日本のもつ海外権益を固め、かつ拡大しようともくろむ。まず日英同盟を理由に、ドイツが「租借」していた青島(チンタオ)をはじめとする山東省の膠州湾(こうしゅうわん)に出兵した。時に八月二三日、大戦はほどなく、東アジアにも大きな影響をおよぼしたのである。

かたや中国政府は一方に荷担することの不利を恐れて、いちはやく中立を宣言した。当時は、

袁世凱が大総統をつとめていた中華民国である。もっとも列強が現実に中国で、大戦にかかわる目立った活動をしていたわけではない。ヨーロッパで戦争に忙殺され、東アジアを顧みる余裕などなかった。そんなことをやっていたのは、もっぱら日本である。

加藤高明外相

日本の山東出兵・青島占領は、敵国ドイツの手から中国に返還させることを名目にしていた。袁世凱政権もそれに乗じて、一九一四年末に軍隊の撤退と占領地の返還を日本側に申し入れる。もとより日本は応じない。それどころか、翌年の一月一八日、権益にかかわる内密の要求提示をおこなった。いわゆる二十一ヵ条要求である。

主だった条項をあげれば、まず山東省のドイツ権益を日本が継承すること、第二に、東三省南部・内モンゴル東部における日本の権益を拡大すること、第三に、沿海地域の不貸与・不割譲を約すること、第四に、北京政府の政治・財政・軍事に日本人顧問を就任させ、また警察官に多数の日本人を採用すること、である。

それぞれ一様ではない。外相加藤高明は旅順・大連の租借延長を最も重視し、山東はむしろそれを獲得するための「取引材料」とみなしていた。第四の顧問については、求めた内容が広汎茫漠に失することをかれも認めており、国内への配慮が多分に濃厚だったものである。そこ

で、とりわけこの顧問にかかわる第五号条項は、列強に秘匿して交渉に臨んだ。

二十一ヵ条要求をめぐる日本の行動は、あまりにも拙劣だった。それを受けて立った袁世凱政権の側が、あるいは巧妙だったというべきだろうか。まずは提示された情報を各国・メディアにリークして、日本に対する内外の反感をかきたてた。加藤の思惑からはかなり逸脱した形の外交交渉となってしまったのである。

日中関係

そして大総統の袁世凱が、自ら率先してその交渉を指揮した。当時の中国はまさに内憂外患。チベット・モンゴルが英露の支援のもと、離脱の動きを強め、国会・各省の政府に対する反撥もおさまらず、治安は悪化、財政は窮乏という、きわめて困難な政治情勢のなか、さらに大敵がたちはだかったのである。要求の内容はいずれも、中国側の利害と相容れないものだった。袁世凱が大いに日本を恐れ憎んだことは、想像にあまりある。

かれは武力に勝る日本の圧力に、粘り強く抵抗した。その間に英米から反撥も強まり、中国国内でも日貨排斥など、反日の気運が高まってゆく。そんな騒然としたなかで、五月まで交渉がつづき、妥結の線もみえてきたところで、日本はまたもや失策を犯した。五月七日、最後通

牒を中国政府につきつけ、九日までの要求受諾を迫ったのである。

こうしたやり方は、従前の対中外交では半ば慣例だったものである。日本だけに限った話でもなかったし、またそれで通用していた。中国側も当局が責任を回避するため、やむなく受諾した形にしたかったことも、その一因である。

要求じたいはこの段階までに、懸案の第五号条項の削除をはじめ、かなり中国側に譲歩したものになっていた。それでも両国政府が、あえて旧例どおりの決着のつけ方にしたのは、先例墨守だったのであろうか。ともかくその代償は、決して小さくはなかった。

力づくで脅迫した強圧的な日本の手法と、ふがいなくも屈服した軟弱な袁世凱政権の姿勢は、あらためて中国民間の反感をかきたてた。各地に猛烈な排日運動がおこるなか、袁世凱はその矛先をかわすため、開戦を避けるには、要求を受け容れざるを得なかった、と自己の立場をうったえる。五月七日・九日を「国恥」の記念日に指定し、その「恥」を雪(そそ)ぐために「臥薪嘗胆」をよびかけたうえで、いよいよ国内の安定、強力な統治を達成すべく動き出した。皇帝即位をめざすのも、おそらくその一環であろう。

袁世凱のこのような姿勢を、日本人はいたく憎んだ。当時の日本人は、二十一ヵ条要求がさほど過大な要求だとは思っていなかった。それまでのヨーロッパ列強の所業に比べればまだし

も、とみており、そこですでに感覚がズレている。少なくとも中国は、もはや前代とは異なる風潮にあったからである。しかし日本の官民は、中国政府の執拗な抵抗にいらだち、各地で頻発した排日運動も、もっぱら袁世凱政権の指嗾したものとみなした。日中の関係はこれを機に、ますます抜き差しならない事態に陥ってゆく。

本書のねらい

当年五十七歳の袁世凱、日本との交渉は初めてではない。むしろ重大な局面では必ず、かれが前面に出て、日本と接触してきた。一八八四年の甲申政変しかり、一八九四年の日清戦争しかり、一九〇四年の日露戦争しかり、そしてこの第一次大戦である。かれこれ三十年、いずれも中国にとって不本意な出来事だったから、かれ自身の感情もよいはずはない。

ところが当の日本人は、そのあたり鈍感である。そもそも袁世凱という人物を知らなかった。日本人一般がかれを知るのは、辛亥革命で清朝から寝返って、民国の臨時大総統となり、権力を掌握したころからである。主君を裏切る、という節義のない権謀術数が、とても日本人好みではなかったし、そしてこのたびの交渉で、いよいよ信義なき俗物政治家に映った。

お互いさま、ということかもしれない。けれども当時だけではなく、いまにいたるまで、

日本人の描く袁世凱の人物像も、おおむねその域を出ていない。「梟雄（きょうゆう）」「マキャベリスト」と形容された権力好き・無節操、あるいは清代の政治家に比べての無学・反日をあげつらう、といった趣である。いわゆる旧中国のふるまいを批判するに恰好の存在ではあった。

しかし評判が悪いのは、日本人の間だけではない。中国人にもそうなのである。旧体制の政治家を代表する存在として描くのが、通例である。それは反革命・媚外という評価とも不可分で、「愛国主義」「反帝国主義」あるいは「半植民地半封建」というイデオロギーにおあつらえむきだからである。こうした歴史観に同調する日本人の著述も少なくない。

悪評一色ではある。だがそれを除き去ると、袁世凱にはほとんど何も残らない。なぜそんな人物が勢力をひろげ、最高権力者にのぼりつめ、皇帝に即位すらできたのか。世評はすべてをかれ個人の属性に帰するため、そんな素朴な疑問にこたえてくれない。どうも時代を汲み取ろうとしないのである。

専門の研究では近年、周辺の史実が精細に解き明かされて、袁世凱にもいわゆる再評価がすすんでいる。悪評に満ちた人物像は、過去のものになったといってよい。しかしそれなら、それに代わる新たな肖像はあるのか、といわれれば、首をかしげざるをえない。

かれをとりまく時代は、ずいぶんわかりやすくなった。にもかかわらず、かれ自身がそれに

みあうほど、明快になったわけではない。かれに対する叙述は、むしろ従来の悪評を基準に、ところどころを裏返しただけのようにもみえる。「陰険な権力者」を「周到な政治家」と言い換えたところで、あまり意味はない。

せっかく当時の時代相が明らかになってきたのだから、その水準に立脚して、従前の褒貶(ほうへん)・評価軸にはとらわれずに、袁世凱の生涯とその意味を読み解いてみたい。それが本書のねらいである。またその事蹟から当時の、そして今にも通じる中国の姿を描き出すことも、あわせて目標にしようと思う。

具体的には、辛亥革命およびそれ以後を重視してきた従前の方法に対し、閑却されがちだったそれ以前の時期に重きを置いた。そのほうが辛亥以後の意義も、いっそう鮮明になると思うからである。

目　次

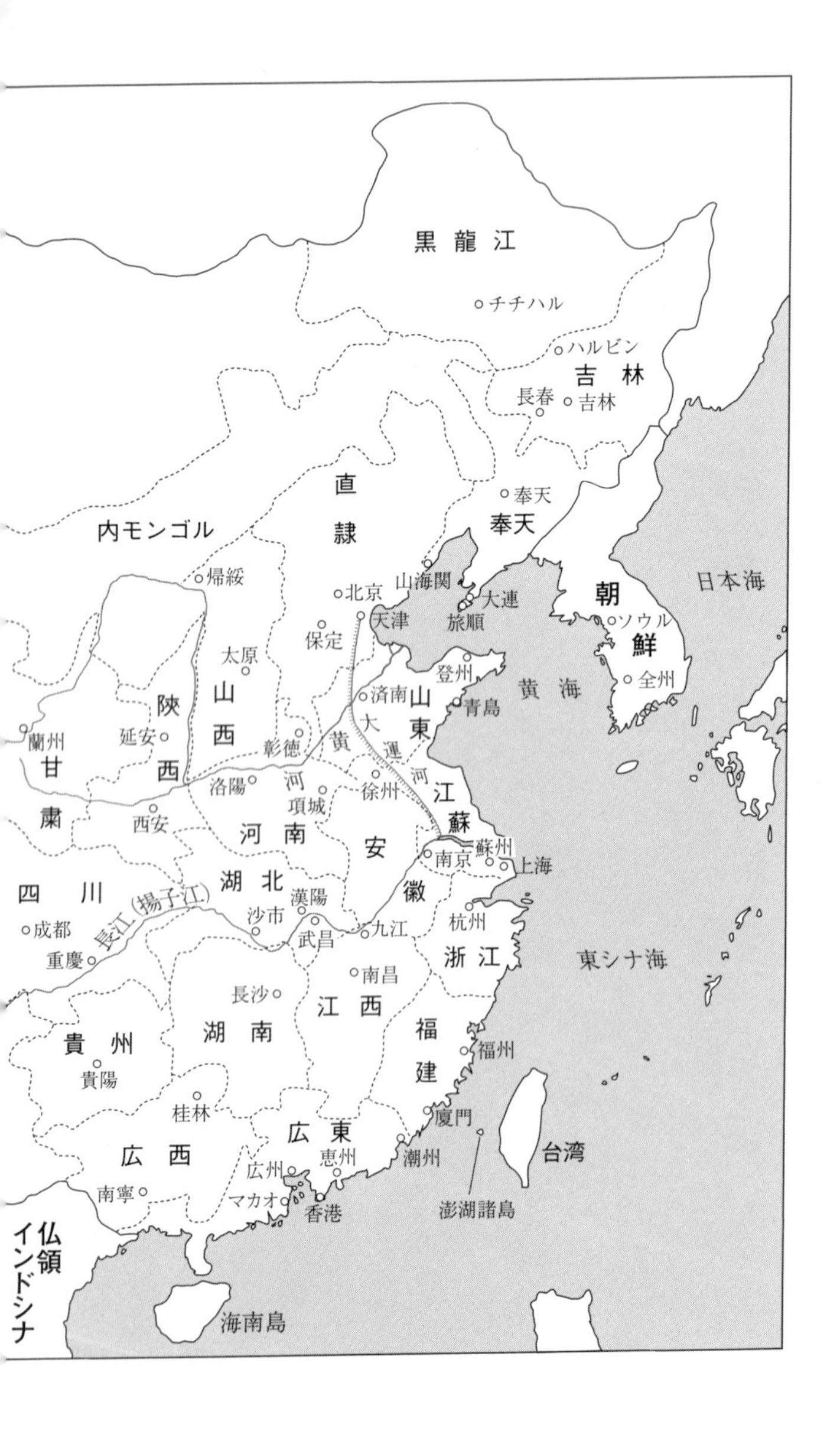

黒龍江
チチハル
ハルビン
吉林
長春
吉林
直隷
奉天
奉天
内モンゴル
帰綏
北京
山海関
大連
旅順
天津
朝鮮
ソウル
全州
日本海
保定
太原
山西
陝西
登州
済南
山東
青島
黄海
蘭州
甘粛
延安
彰徳
黄河
大運河
洛陽
項城
徐州
江蘇
西安
河南
安徽
南京
蘇州
上海
四川
湖北
漢陽
長江（揚子江）
成都
沙市
武昌
九江
杭州
重慶
浙江
東シナ海
南昌
長沙
江西
湖南
福建
福州
貴州
貴陽
桂林
厦門
広東
台湾
広西
恵州
潮州
広州
南寧
マカオ
香港
澎湖諸島
仏領インドシナ
海南島

ロシア
外モンゴル
新疆
青海
チベット
英領インド
昆明
雲南
20世紀初頭の中国

第一章　朝鮮

袁世凱の印

1　旅立ち

生い立ち

中国内陸の河南省、その中部で黄河の南、安徽省にほど近い陳州府項城県の北部に、張営という村落があった。一九世紀も後半にさしかかった時期、その村随一の名家といえば、まず袁氏に指を屈する。

一族には顕官も多い。一八五〇年代当時の出世頭は、袁甲三である。当時の立身出世の登龍門・高等文官試験の科挙に合格し、最高の学位・進士を得たばかりか、華北に猖獗し、附近を荒らしまわった捻軍の掃討に功績をあげて、官は漕運総督にまでいたった。総督といえば、日本の国土に匹敵するほど広大な地方を所轄する大官である。

その息子たちも父親にしたがって軍功をあげ、官途についた。しかし一族の同じ世代が、みなそうだったわけではない。袁甲三の兄に樹三がおり、その息子の保中は従軍しなかった。かれは項城県の郷里にあって、出没する捻軍に対する守りにあたっていたのである。

一八五〇年代の終わりになっても、太平天国・捻軍・アロー戦争と、中国の内憂外患はおさまらない。そのなか、一八五九年九月一六日(咸豊九年八月二十日)、袁世凱は張営村でこの保中の第四子として生まれた。庶出である。

もっとも袁家はこれと前後して、張営から東に二十里のところに移住した。広大な土地を占有し防寨(ぼうさい)を築いたことから、そこは袁寨村(えんさいそん)とよばれるようになり、いまも袁家の墓地が多く残る。世凱も幼年をそこで過ごした。そのためかれを「袁寨の人」と記す向きもある。

庶出の袁世凱は七歳のとき、子のなかった叔父・保慶(ほけい)の養子になり、一八六九年(同治八年)、養父にしたがって南京に移住した。

袁家のような名門に生まれ育ったならば、幼少のころから、科挙を受けるための準備勉強をさせられるのが普通である。事実、一族の有力者は科挙の試験に合格し、みな何らかの学位をもっていた。ということは、いずれも年少の時より、その勉強に励んできたわけである。

袁世凱もその例にもれない。科挙の勉強となれば、まずは最も基本的なテキストの四書五経を読まされる。読むというのは、丸暗記を意味しており、それが最低限、不可欠の前提にひとしかった。とはいえ、四書五経の本文だけでも四十三万字あまりある。くわえて、それに数倍する注釈書をマスターせねばならない。同時に史書・文学も欠かせないし、詩文を作る練習も

必要である。多大の時間と努力を費やさねば会得できなかったし、誰もがたえられるものではなかった。少なくとも筆者は願い下げである。『論語』の一篇も暗誦できない筆者ごときと比べては気の毒だが、わが袁世凱も性向ではどうやら同じだった。

天性剛胆というべきか、武人肌だったのか、机に向かわされても、おとなしくしていられず、ひそかに逆らって悍馬を御したり、拳術を習ったりした、という。もとよりこれは、かれが世に知られた後年にできた伝説のたぐいかもしれない。しかし科挙の受験勉強になじめなかったことは、おそらく事実だろう。

成年

一八七三年、養父の袁保慶が歿した。世凱かぞえ十五歳のときである。その葬儀を出してくれたのが劉銘伝と呉長慶、いずれも当時屈指の地方大官・直隷総督李鴻章ひきいる淮軍の部将だった。このつながりがかれの一生を決めるのだから、人生の出会いというのはわからないものである。

養父を亡くしたので、袁世凱はひとまず郷里の項城にもどった。けれどもその素行は、修まらない。これではならじ、と周囲は、かれを今度は北京につれていって、養父の従弟・保齢の

もとで、勉強を続けさせた。同じ北京にはその弟で、科挙を最高学位の進士で合格、中央の官僚をつとめる保恒もいたから、監視はいよいよ強まっただろう。保恒はやがて戸部・刑部の左侍郎に出世する人物、いまの日本でいえば、さしづめ財務次官・法務次官といったところである。それでも袁世凱は、勉強に身を入れなかった。このあたりの勁さというか、しぶとさも、注目しておいてよい。

なんとか、第一試験には通って、学校に入学できた。入学してはじめて、科挙の本試験を受ける資格が得られる。しかし本試験のほうは、うまくいかなかった。

一八七九年、三たび受けた郷試にも落ちると、もうがまんならなかったらしい。養家の主・袁保恒が同年に歿したのを機に、「大丈夫まさに命を疆場(国防)に効し、内を安んじ外を攘ふべし、いづくんぞ齷齪、筆硯の間に困しみ、自ら光陰を誤つべけんや」と豪語して、詩文を一炬に付したという。

そこでかれには、「無学」との評判がたった。もちろんいまの言葉でいう無学ではあるまい。袁世凱はたんに科挙に通っていない、その受験勉強を好まなかっただけで、古

袁耀東
- 甲三
  - 保恒
  - 保齡
- 樹三
  - 保慶
  - 保中 ― 世凱

袁家系図

典の素養もあるし、なかなかの達筆でもある。

しかし日本人はそのあたりを誤解し、科挙の学位をもっていないというだけで、一世代二世代上の曾国藩（そうこくはん）や李鴻章よりも、数段劣った人物とみてしまった。それがのちの日中関係に少なからず翳を落とした事実も否定できまい。

まだ数えで二十一歳、老年になっても科挙の受験資格さえ得られない者がめずらしくなかった当時、若気の至りとはいえ、あえて科挙を受けない、というのは、名家の子弟としては、ずいぶん思い切った決断ではあった。

伝統中国では科挙に通ってこそ社会的な尊崇を受け、それにともなって経済的政治的な特権をも手中にできる。逆にいえば、科挙に通っていないということは、それだけで立身出世に不利なのであり、周囲は前途を大いに危ぶんだことだろう。見離した縁者もいたのではなかろうか。

ところが時代は、もはや従前と同じではなかった。袁世凱の生涯をみれば、顰蹙（ひんしゅく）を買いかねない決断をしても、まかり通りうるご時世になっていたことがわかる。もちろん二十歳（はたち）前後の若者が、そんな時世のなりゆきを読み切れるはずはない。その意味では幸運だったといえよう。

武装の時代

その時世というものを、そこで一瞥しておかなくてはならない。

袁世凱が生まれたとき、中国は清朝という王朝政権が支配していた。清朝は中国史上、最も平和で繁栄した時代を現出させた政権のひとつである。一八世紀後半の乾隆(けんりゅう)時代は、その典型であり、また清朝の全盛だった。

しかし当時はすでに太平の御代ではない。内憂外患という有事がいわば常態となり、それにみあった制度・体制がしかれていた。それをひとまず「督撫重権(とくぶじゅうけん)」とよびたい。「督撫」というのは、さきに出てきた総督と巡撫(じゅんぶ)とを合わせ略した呼称で、明末以降、中国の一省もしくは数省の軍政・民政を統轄した地方大官を指していう。清朝皇帝の漢人統治は、当初からこの総督・巡撫を通して実現する、というのが基本的なしくみで、その活用と統御が歴代皇帝の課題だった。

それを最も徹底したのが、清朝第五代皇帝の雍正(ようせい)帝であり、総督・巡撫の行動を自ら個別直接に把握、規制して、実地の地方行政にその意思を貫徹させようとした。その治世に改革が成果を上げたのは、雍正帝の努力がそれなりに実を結んだわけである。

もっとも歴代の皇帝がみな雍正帝のような独裁政治を実行できたわけではない。とりわけ一

八世紀の好況をへて、中国の人口が一七世紀末の一億から四倍の四億になって以降、それまでの統治体制はおよそ十分ではなくなっていた。

一七世紀に確立し、そのままの規模で継続する皇帝独裁とそれにしたがう官僚制では、一八世紀に爆発的に膨脹した民間社会を掌握、統御できず、治安の悪化が顕著になってくる。一九世紀にはじまる内憂外患は、そこに由来していた。

肥大化した社会で軋轢(あつれき)が増し、旧来の秩序に収まりきらない人々がふえ、官憲が自らを保護しきれないとなれば、自らを守るほかない。こうしてできたアウトロー集団は、字面ほど隠微な存在ではないものの、慣例どおり秘密結社と呼んでおこう。その増加とともに、地域ごとに自警団の組織もすすんだ。これを団練(だんれん)という。両者の間で戦闘がおこるので、治安の悪化にこもごも拍車がかかった。

権力に服従しようと反抗しようと、民間が武装するのが、ごくあたりまえの情勢になった。各地で個別に進展し、必ずしも一様ではない事態だったけれども、これをたとえば「社会の軍事化」などと総称、通称するのは、同一の時期・条件の下で、同じ社会組織という根幹から生じ、中国全土にひろがっていった趨勢だからである。

「督撫重権」

このような「社会の軍事化」は、一九世紀の半ばにいたると、もはや治安悪化にとどまらず、内乱の様相を呈してきた。権力に抗する側が数ある秘密結社をまとめあげて、大きな反乱をひきおこしたからである。たとえば、太平天国・捻軍などがそうである。権力に与（くみ）する側はそれに対し、各地で団練や義勇軍を組織して、地元の防衛にあたった。そうした数ある義勇軍を糾合して、一大軍隊にしたてあげ、反乱を鎮圧した曾国藩と李鴻章が、次の時代の主役にのしあがったのである。

一九世紀後半の特徴は、この「社会の軍事化」から発展した新たな義勇軍と、旧来の総督・巡撫が主導した地方行政とが組み合わさったところにある。地方実地の治安維持をはかるため、所轄する総督・巡撫は、その義勇軍を掌握、指揮しなくてはならない。もっとも、実際にたどった経過は逆である。義勇軍を指揮したリーダーが、なし崩し的に総督・巡撫に任命されたのだが、結果は同じ、軍事力で管轄地域の掌握をはかり、その財政権力を握って、軍事力を維持した。そうしたエネルギーの上に、北京の中央政府が乗っかる、という政治構造になったわけである。「督撫重権」とは、このように地方の「督撫」のほうに権力の比重が移行した局面を指している。

あたかも北京政府の権力は、政争をへて弱化していた。即位した同治帝は幼年で、その役割を代行したのは母親の西太后である。これを「垂簾聴政」という。母后が政務をとるにあたって、顔をさらさないよう簾をおろす、という意味、史上何度もあった政治形態だから先例のないことではなかったし、西太后じしんもなかなかのやり手だった。だがいかんせん、あくまでも代理にすぎないから、康熙帝・雍正帝をはじめとする一八世紀の名君のような総督・巡撫、地方大官に対する指導力・統制力をもちえなかったのは、やむをえない次第である。

いや、なまじいにもつよりは、このほうがよかった。地方の情況は、北京が知りつくして適確な指示を下すには、前世紀に比べて、あまりにも複雑多端、推移も速かったから、現地の当局が実地に即応しなくては手遅れになる。下手に疎遠な中央の指示を仰いだりすれば、かえって事態の悪化は避けられない。実際そういうケースも往々にしておこり、ついにはそれで、清朝の命脈も縮めることになるのだが、先は急がないでおこう。

それなら、なるべく現地の裁量を認めて、その手腕・力量を発揮させたほうがよい。「督撫重権」が顕著になるとともに、期せずして北京の権力が弱化し、それにみあう体制に転じたのである。

この体制によって、内乱はようやく終息する。悪化をきわめた治安も、相対的に安定した時

代をむかえた。これを当時の年号をとって「同治中興(どうちちゅうこう)」という。時に一八七〇年代、袁世凱がまさに世に出ようとした時代の風景である。

淮軍へ

この時代はしたがって、旧来の人事慣行が崩れてくる。

漢人官僚の世界では、科挙に受かって任官することを「正途(せいと)」、つまり正しい出世ルートといい、そうせずに官界に入ることを「雑途(ざっと)」、つまり裏口ルートという。

裏口に入るには、いろんな方法がある。最もポピュラーだったのは「捐納(えんのう)」といい、字面は寄付の意だが、その見返りとして、科挙の学位や官職をもらえるので、要するに売官である。これは清朝の初めからおこなわれていたけれども、この時期、爆発的に増加した。

もちろん社会的には「正途」が尊重され、「雑途」は日陰暮らしを強いられる。本人たちがコンプレックスをもたざるをえなかったことも、想像に難くない。

もっとも客観的にみれば、科挙は儒教の経典およびその注釈の暗記試験なので、これができても、有能かどうかはわからない。実際の役に立つかどうかは、もっと不明である。

だから平時は滞りなく機能するこうした慣行も、有事にはマイナスに働く。非常時には、非

常の人材が必要であって、そんな人材が「正途」から十分に供給されるわけはない。「雑途」の人々を登用する手段も、そこでふえてきた。

その最たるものが軍務である。何よりも治安の維持が要請された時代であり、それに不可欠なのは、実力のある軍隊である。その主力は督撫が掌握し、内乱を平定した義勇軍だった。督撫はそれを維持強化するために管轄下の地方で、たとえば軍隊を調練し、軍費を調達し、西洋式の兵器を製造した。この動きを中国の学界では、一般に「自強運動」「洋務運動」などとよぶ。

この種の任務は従来の官僚制に含まれていなかったので、自ずから「雑途」で官界に入った非常の人材が使われる。当時最大最強の義勇軍だった李鴻章の淮軍がしたがって、このような非常の人材を最も多く擁した部署になるのも、無理はなかった。

科挙・「正途」をみかぎったわが袁世凱も、その例に漏れない。かれは淮軍の一部隊である呉長慶軍に身を寄せたのである。

呉長慶、字は筱軒、安徽省廬江の人、淮軍創立初期からの有力な部将である。もともと郷里で自警団を組織して戦っていた。李鴻章の淮軍とは、安徽に数あるそんな集団を結集してできたものである。かれの麾下は諱の一文字をとって、「慶字営」あるいは「慶軍」と称された。

これも慣例どおりの命名で、たとえば、劉銘伝の部隊は「銘字営」「銘軍」といい、その私軍的な性格をよくあらわしている。そうはいっても、呉長慶は総帥の李鴻章には従順で、その作戦には必ず従軍し、転戦した。

一八八〇年、かれはその功で浙江提督に昇進する。浙江省で漢人最高位の武官だが、これは名目的な肩書にすぎない。実際の任務としては、麾下の中核およそ三千を山東省の登州に駐屯させるにあった。登州は北方の開港場を抱える要地で、そこの治安維持にあたっていたのである。

その呉長慶は、袁世凱の叔父にして養父の袁保慶と兄弟の契りを結んでいた。呉長慶の父親が地元の廬江で太平天国と戦っていたとき、援軍を出したのがきっかけである。すでに述べたとおり、袁保慶が亡くなると、葬儀も出してくれた。養子の袁世凱もそんな縁故で、呉長慶の軍隊に加入することができたのだろう。

袁世凱は一八八一年五月、慶軍が駐屯する登州にいき、その「營務處會辦」を任された。字面は難しいが、参謀の一人といったところである。時にかれは数えて二十三歳。年齢だけみれば、いまなら大卒で就職、という感じになろうか。

軍隊への加入というなら、当時「正途」につけない子弟の誰しも考えたところだろう。縁故

に頼っての就職も、以前からめずらしいことではなかった。だから袁世凱の就職、入隊も別に特別なことは何もない。にもかかわらず、そのなかで、ほかならぬかれが、ぬきんでて頭角をあらわすのは、やはりそれなりの理由がある。

この時期に登州に駐留した軍隊に入ったことが、希有の機会をもたらした。ここでも幸運児なのである。しかしながら、その希有をとらえて生かせる能力は、やはりかれにしかないものだった。

希有の機会とは何か。黄海をはさんだ山東半島の対岸、朝鮮半島の波瀾である。袁世凱の立身は、海をわたる旅立ちからはじまった。

2　波　瀾

清韓関係

袁世凱の飛躍はかれ自身とはまったく関係のない、本人のあずかり知らないところで、そのお膳立てが整っていた。人生とは、えてしてそんなものかもしれない。そのお膳をどうさばくか。若き袁世凱の器量は、そこで問われる。

それにしても、いきなりの舞台は決して小さくはない。一八八二年七月末、日本史でもおなじみの壬午変乱で幕を開けた、いわゆる「朝鮮問題」である。

「朝鮮問題」とは一口でいえば、中国にとっての朝鮮半島に対する脅威をさす。その脅威は主として、日本からのものだった。その前提として、歴史にもとづく日本観がある。すなわち倭寇や豊臣秀吉の朝鮮出兵という過去の史実から、開国以来、西洋化をすすめる日本が、中国に対する軍事的脅威になる、との認識である。日本人からすれば、きわめて短絡的で、いわれのない偏見であろうが、そんな偏見が存在したのも史実なのだから、いたしかたがない。

ともあれ清朝は、明治日本の対内的な施策と対外的なパフォーマンスを、警戒の目でみつめつづける。その焦点が朝鮮半島であった。

日中はすでに一八七〇年代から、衝突をくりかえしている。とりわけ七四年の台湾出兵・七九年の琉球処分は、あわや戦争になりかねない危機を醸成した事件だった。干戈を交えるに至らなかったのは、いずれも清朝が譲歩したからであり、つまるところ当時の中国にとって、係争地として重大ではなかったためである。その半面、なぜそこまで対立が深まったかといえば、双方が譲れなかったためである。

日本が譲れなかったのは、明治国家が国是とした近代国家への脱皮を果たすためであり、こ

れは贅言を要すまい。中国がそれに対し、なかなか譲れなかったのは、じつに朝鮮半島を守るためであった。

中国古来の世界観・対外関係は、よく中華思想とか華夷秩序とかいわれる。いまやそのままの形では存在しないもので、それゆえに一定したネーミングもない。いささか扱いづらいものの、ここでは「朝鮮問題」が中心になるので、ひとまず人口に膾炙している「宗属関係」と呼んでおこう。

「宗」は宗主国のことで、中国王朝をさす。規模の大小でいえば「大国」、関係の上下でいえば「上国」とも称する。「属」は藩属、朝鮮など周辺国をさす。「小国」「属国」とも称する。上下を明示する儀礼的な手続さえ履めば、原則として「上国」が「属国」の国内政治・対外関係に干渉することはなかった。その手続を周辺国の側からは「事大（大国に事える）」という。当時の朝鮮と清朝の関係はその典型、琉球と清朝もほぼ同じだった。

当時の清朝にとって、近い台湾はともかく、琉球は極端な言い方をすれば、どうでもよい地であった。海をはるかに隔てて、中国の安危に直接の関わりがなかったからである。事実、清朝は日本の「琉球処分」を最後まで承認こそしなかったけれども、その行動を阻むこともしなかった。

かれらがこだわったのは、琉球そのものではない。琉球王国という「属国」の保持である。明治政府が清朝に臣礼をとる琉球王室を廃して、琉球列島すべてを日本の一部にするのを容認できなかった。というのも、琉球と朝鮮は清朝にとって同じ「属国」であって、そうした「属国」の併合、滅亡という先例ができると、次はその先例が朝鮮半島に及ぶとみたからである。

朝鮮半島は地政学的に、安全保障の観点からみて、琉球とは比べものにならないほど、重大な要地であった。清朝発祥の地に近いのみならず、首都の北京とも隔たらない。なればこそ、明・清はいずれも、朝鮮に派兵せねばならなかった。中国からみて、朝鮮は単なる「事大」という儀礼的な手続が維持されればよいところではなかったからである。むしろそうした儀礼手続は、緊密な結びつきを維持する手段だった。したがって「属国」が失われれば、関係も絶たれてしまう。なればこそ、一九世紀末のこの時期、「属国」の地位を同じくする琉球をめぐって、日本と対立を深めたのである。

抗議争論むなしく「琉球処分」という事態に直面した清朝は、朝鮮でその二の舞にならないような手を打たねばならなかった。時に一八八〇年。

ここから清朝の朝鮮政策は、積極さを増しはじめる。朝鮮が一八八二年、アメリカ・ドイツ・イギリスと条約をむすぶことになったのも、その一環であった。すでに朝鮮と条約関係に

あって、往来をくりかえしていた日本に対する牽制が目的である。

日本のスタンスと壬午変乱

かたや日本にとっても、おとらず朝鮮半島は地政学的に重要である。朝鮮半島経由でモンゴル・高麗の連合軍に攻め込まれた元寇という史実もあって、敵対勢力にここを委ねては、日本の存立に関わる、という気分だった。

とりわけ開国以後、世界のパワー・バランスを自覚してからは、いよいよそうである。朝鮮王朝ばかりならまだしも、巨大なロシア・中国は恐ろしい。それだけに、最も近い朝鮮半島を自らに都合のよい地位にしておく必要があった。

それに加えて、西洋国際法という文明世界に参入するという国是もあった。その世界からすれば、江戸時代までの日朝の交際のしかたは、「私交」といわれたように、まるで標準を満たさないものであった。明治政府が維新早々、この隣国と新たな関係を構築せねばならなかったのは、ここに理由がある。

日本はそこで、さっそくアプローチを試みる。ところが朝鮮政府にあてた文書・書契は、書式が旧来と違うため、受理してもらえない。関係を刷新する入口にすら入らないまま、停頓し

てしまった。

それだけに、明治政府はいらだたしいかぎりであった。なぜ朝鮮側がそんな対応をするのか、背後に清朝がいるのではないか。そもそも清朝と朝鮮との関係が読み切れないことに疑心暗鬼、焦燥感をつのらせる。一八七五年、武力示威をともなう江華島事件をおこして、翌年二月、強引に朝鮮政府との江華条約の締結にもっていったのも、そんなあせりも手伝ってのことであり、それだけに、清朝の動きを恐れてもいた。

しかし案に違って、清朝は抗議はしたものの、何らかの対抗措置をとるようなことはしなかった。日本としては、安堵したと同時に、そのためにたかをくってしまった面もある。日本は以後、江華条約を具体化してゆく対朝交渉の過程で、清朝の動向や思惑を注視していたようにみえない。

だから、朝鮮が欧米諸国と条約を結ぶ姿勢を示したとき、日本政府はむしろ歓迎の意をしめした。朝鮮が国際関係に加入し、日本と同じ立場になれば、望ましい関係を築けると期待したからである。

しかしそれはすでに述べたとおり、日本を警戒する清朝の立場・利害関心からでてきた出来事だった。日本はそこに思い至らなかったのである。清朝の動きを軽んじていたというほかな

い。

そんな折、勃発したのが壬午変乱であり、日清韓関係と東アジアの命運は、ここで大きな転機を迎えた。それが袁世凱の人生とも、大きく関わってくる。

朝鮮へ

壬午変乱とは一八八二年七月二三日、朝鮮の旧軍がおこした暴動に端を発する。その暴動は反政府クーデタと化し、朝鮮政府の要人が殺され、政界から引退していた国王の実父大院君(テウォングン)が政権につく、という事態にまで発展した。

とはいえ、ここまでなら、まだ内政問題である。これが国際問題に拡大したのは、暴動が日本人と日本公使館にまで及んで、死傷者が出たからである。

日本政府はすぐさま反応して、軍隊をつけた使節を派遣し、朝鮮政府の責任を問うべく交渉をはじめた。この日本の動きにやはり敏感に反応したのが、清朝である。日本の派兵に対抗して急遽、陸軍をソウルに送りこむことを決めた。日本が軍事力で朝鮮側を圧倒しかねないことを危惧しての行動であって、この反応からだけでも、いかに日本の動きを警戒していたか、わかろうものである。

そこで動員されたのが、朝鮮半島に最も近い登州に駐屯し、迅速に駆けつけられる呉長慶の部隊六千である。もちろんわが袁世凱も例外ではない。日新という船に乗りこみ、先発隊の二千とともに一路、ソウルへ向かった。

こうした清朝の動向は、日本にとって寝耳に水だった。日本政府のみるところ、清朝はそれまで朝鮮問題、とりわけ日朝の関係には、積極的な介入をしてこなかった。にもかかわらず、このたびは外交ルートで抗議したばかりか、軍艦・軍隊まで現地に派遣してきたから、いきなり態度を一変させた、として驚愕したのである。清朝との衝突、日清戦争の勃発まで考慮に入れざるをえない局面に追い込まれた。

もちろんこのとき、清軍と干戈を交えるつもりが日本にあったわけではない。それは清朝も同じである。それだけに双方は、互いの言動・ねらいに疑念をもたざるをえなかった。

その意味で、日清戦争にいたる朝鮮半島をめぐる本格的な日清の対立は、このときにはじまる。朝鮮に向かう船中の袁世凱は、まだ二十四歳。まさか自身がゆくゆくその立役者になろうとは思ってもいなかったにちがいない。

壬午変乱の収拾

日清双方が恐れた軍事衝突は、かろうじて回避され、ひとまず平和解決で落着した。一八八二年八月三〇日、日本と朝鮮が締結した済物浦(さいもっぽ)条約・日朝修好条規続約が、その区切りをなす。そこにいたる、壬午変乱の大まかな顚末を日記風にたどっておこう。

七月二三日、朝鮮旧軍の暴動発生
八月五日、駐日公使黎庶昌から日本政府へ軍艦派遣の通知
八月七日、呉長慶軍に動員の連絡
八月一〇日、清朝の軍艦三隻、馬建忠(ばけんちゅう)と水師提督丁汝昌(ていじょしょう)が朝鮮に来着
八月一二日、丁汝昌、陸軍を迎えにいったん帰国
八月一三日、花房義質(はなぶさよしもと)公使が入京を決定
八月一六日、日本軍ソウル入京
八月二〇日、花房義質が国王・大院君に要求書を提出。丁汝昌とともに清朝陸軍来着
八月二三日、花房・日本軍ソウル退出。馬建忠・清軍ソウル到着。馬建忠が花房を追跡
八月二四日、馬建忠、仁川(インチョン)到着、花房と会見

八月二五日、花房・馬会談
八月二六日、馬建忠が大院君をとらえ、中国へ送致
八月二八日、日朝交渉開始。清軍、朝鮮旧軍を攻撃
八月二九日、清軍、朝鮮旧軍を制圧
八月三〇日、日朝の条約締結

以上のプロセスで最も大きな役割を果したしたのは、登場回数から明白、清朝側の代表・馬建忠である。

馬建忠

かれは代々のカトリック教徒、フランスに留学し、国際法を修めた西洋型の知識人で、李鴻章の秘蔵っ子だった。それまで対外交渉の実務で大いに活躍し、朝鮮と米・英・独との条約締結でも、主導的な役割をはたした人物である。随一の朝鮮通ということで、この壬午変乱の勃発にあたっても、真っ先に派遣された。清朝本国から陸軍を派遣する必要性を現地で認め、援軍の要請をしたのもかれだし、その行動を企画し、コントロールし

たのも、かれである。

この軍事行動を通じて、参謀のひとりにすぎなかった袁世凱は、頭角をあらわしてくる。では、何をやっていたのか、どんな役割を果たしたのか、といえば、具体的にはよくわからない。それでも、全然みえないわけでもない。

袁世凱の存在と言動がわかるのは、馬建忠との関わりにおいてである。馬建忠の報告書にも、その名前が何度か登場し、軍の司令官の呉長慶との連絡にあたっていた。参謀らしい役回りといってよい。こうしてまとまった呉と馬の作戦を通じて、朝鮮側の反乱軍を制圧し、それが以後の清韓関係を規定する。だとすれば、袁世凱はこの局面で存外、大きな役割を果たしたのかもしれない。

旧軍の討伐をはたした呉長慶軍は、ソウルの治安を制する位置を占めるにいたった。そのあたりから軍中で、鬱然たる不満がわきあがってくる。朝鮮にいる日本軍はさして強力ではなく、既存の呉長慶軍で十分に圧倒できた、つまり朝鮮政府に多額の賠償金を負担させてまで、日本に譲歩し、講和する必要はなかった、だから講和の責任者に不信感がつのった、ということである。

日本軍が九月七日、あらためてソウルに入り、その貧弱さを目の当たりにしたとき、こうし

た不信がはっきり批判に転化した。「交渉した人物」、つまり馬建忠が「日本を恃んで出世しようとし」ている、と「罵る」にいたったのは、ほかならぬ袁世凱である。

交渉にあたった人々は、貴国(朝鮮)に冷淡で、外夷に好誼を求めている。わが軍が去ったら、きっと眉叔(馬建忠)がやって来る。貴国を損なうのは、この人にほかならない。

眉叔(馬建忠)のような連中は、ひたすら日本を恃んで貴国に重んぜられ、さらに日本と貴国を恃んで北洋(李鴻章)に重んぜられている。貴国の迎合競奔する人士が依付追従、内は民情にさからい、外は侵犯をうけるだろう。

朝鮮側の記録にみえるそのことばをざっと拾うと、こんなところである。それがひいては、戦おうとせず、講和交渉しか考えぬ、と北洋大臣にして淮軍の総帥・李鴻章への批判にまでエスカレートした。

もっともかれらのこうした憤懣は、賠償金が直接の原因だというよりも、李鴻章が呉長慶軍を「馬建忠に属せしめ」る、かれらのつかえる呉長慶に馬建忠が取って代わる、あるいはその

上にたつ、との情報を得たからであろう。

ほかの人々はいざ知らず、少なくとも袁世凱に関するかぎり、これは馬建忠や李鴻章と政見や政策を異にしていた、というよりもむしろ、自分を拾ってくれた呉長慶・慶軍に対する義理だて、あるいは忠節くらいのものだろう。派閥は派閥にしても、政策や政局ではなく、若者らしい義侠、あるいは情緒的な味方びいきといったほうがよい。そうした現地の動きに共鳴して、このような批判を政治化したのは、むしろ本国の反李鴻章派であった。

壬午変乱の決着は、北京の官界では必ずしも、芳しい評判をえられなかった。日本に対して譲歩のしすぎだというにある。現地の袁世凱たちと同じ意見であり、おそらくその周辺から伝わったものだろう。かくて、いわば軟弱外交の実行者の馬建忠と指示者の李鴻章に、期せずして非難の声が集まった。

案の定、壬午変乱の立役者・馬建忠は失脚し、二度と朝鮮の土を履むことはなかった。朝鮮で力をもったのは、むしろ呉長慶のソウル駐屯軍となり、袁世凱も功績で五品同知に叙せられ、それなりに有力な地位を確保できた。

もっとも朝鮮の政情は、それで必ずしも安定しなかった。政府の姿勢方針は定まらず、それがやがて党派対立にまで発展して、ふたたび内乱が招来される。そこで袁世凱は、壬午変乱以

上の役割をはたすことになる。

甲申政変

大院君のクーデタ政権は打倒され、朝鮮政府は閔(ミン)氏が権力を掌握する旧態に復した。しかしながら、政界はなお二分されたままである。というのも、ソウル駐軍に代表される清朝の急激な勢力拡大に、朝鮮政府はすこぶるとまどっていたからである。

内乱を鎮定してくれたことに感謝を惜しむものではない、けれども、大院君を拉致したのをはじめ、かつてない内政干渉は望むところではない、という相反した感慨が、多くの人士の有したところだった。けだし国王の高宗(コジョン)も、例外ではない。

そこで前者に傾くものは、清朝への依存を、後者に傾くものは、清朝への反撥を強めた。これがいわゆる事大党と独立党の相剋につながってゆく。

その色分けは、もともとさほどに鮮明ではなかった。壬午変乱直後の段階はおそらく誰もが好悪ないまぜ、というのが実情であって、党派もはっきり分かれていたわけではない。

ところが貨幣発行や大規模借款など、急進的な改革事業が挫折をくりかえすと、それを企画した少数少壮の政治家たちは、焦慮をつのらせた。金玉均(キムオッキュン)・朴泳孝(パクヨンヒョ)・洪英植(ホンヨンシク)らである。自らの

改革を妨げているのは、親清派の消極的守旧的な姿勢とその背後にひかえる清朝の勢力だ、とみなすようになって、反目を深めた。

こうして党派対立が醸し出され、改革派が最後に日本の勢力を恃んで、実力行使にうったえた。一八八四年一二月の甲申政変である。

このタイミングになったのは、中国をめぐる軍事的な情勢によるところが大きい。それがソウルに影響したのである。

折しも、北ベトナムの勢力争いに端を発したフランスと清朝の対立は、ハノイ近辺での軍事衝突から戦争状態に発展した。いわゆる清仏戦争である。それに先だつ一八八四年四月末、清朝は北京周辺の防備をかためるべく、壬午変乱以来ソウルに駐屯した呉長慶の部隊を本国へ召還していた。もっとも全軍がソウルからひきあげたわけではない。およそ半分の一千五百が現地に残されたし、また在地の朝鮮軍もその訓練・指揮のもとに入っている。それをあずかった一人が、若き参謀・袁世凱だった。

その清仏戦争はフランス海軍が南方で勝利を重ね、清朝が軍事的に不利な情勢になっていた。改革派の側にとっては、清朝の軍事的な圧力が一時的に減退した希有のチャンスで、この機をのがすまいと考えて、準備をかなり急いだことも想像がつく。

一二月四日、洪英植が総辨(そうべん)(大臣)をつとめる郵征局(郵政省)の開局祝賀晩餐会で、クーデタの幕は切って落とされた。手近な日本公使館守備の一個中隊の兵力を利用し、国王を景祐宮に移したうえで、守旧派の政府要人を殺傷して、新政権の樹立を宣言する。

ここまでは、改革派とそれを支援した日本側の思惑どおりだったろう。しかし傍らで形勢を注視していた袁世凱は、手をこまぬいてはいなかった。かつて馬建忠を罵倒した言に違(たが)わず、安易な妥協はしりぞけ、決然日本軍との戦闘にふみきる。

四方から情報を集めて、朝鮮国王の無事を確認し、政府の出動要請を受けると、上官の呉兆(ごちょう)有(ゆう)を説得し、自ら千五百の部隊を率いて王宮を攻め、百五十の日本軍と銃撃戦をくりひろげた。国王を奪取した清軍は、日本公使館に逃げこまなかった日本人居留民四十数名を襲い、うち婦女子三十余名が清兵に陵辱、虐殺された。

この敏速な軍事行動に、クーデタ側は恐慌・混乱をきたして、その政権も文字どおり、三日天下で崩潰した。決起してわずか三日後の一二月七日、金玉均・朴泳孝・徐光範(ソグワンボム)・徐載弼(ソジェピル)ら首謀者は、仁川から汽船で脱出、日本公使館に火を放って長崎へ敗走する竹添進一郎公使に同行、日本に亡命する。洪英植は殺害され、その与党は逼塞(ひっそく)を余儀なくされた。これで清朝の勢力は、朝鮮半島でぬきんでた優位を占めたのである。

3　ソウル

英露

甲申政変は実質的には、清朝と日本の武力衝突だったから、事態の収拾には、形式はどうあれ、両国のあいだで講和にいたらなくてはならない。そこで翌一八八五年四月一八日、清朝の全権・李鴻章と日本全権の伊藤博文が、いわゆる天津条約を締結した。

そこで決まったのは、四ヵ月以内に日清両国が朝鮮から撤兵すること、朝鮮の軍事教官を日清以外から派遣すること、朝鮮で内乱が起こって派兵をおこなう場合には、両国が事前に通知しあい、事が収まった時にはただちに撤兵すること、の三ヵ条である。

「条約」というにはあまりに簡略ながら、双方はこの合意にいたるまで、四月三日から天津で、都合七回にわたって会合を重ねた。これほど難渋な交渉になったのは、朝鮮へ派兵する権利を留保したい清朝側と、「相互主義」、対等を譲らない日本側との折り合いが容易ではなかったからである。

これでともかく、甲申政変は決着がついた。清朝側は優位に立ちながら、条件のうえで日本

とほぼ対等になっているから、譲歩したともみえなくはない。

交渉にあたった李鴻章は、朝鮮問題を管掌する責任者として、何より甲申政変の事後処理を急がねばならなかった。中国内の輿論はあいかわらず強硬だったものの、フランスとなお交戦中だった情勢に鑑みれば、重ねて開戦の危険を冒すわけにはいくまい。とても日本と決裂できる状態ではなかったのである。

しかも朝鮮半島に関するかぎり、事態はいっそう深刻化しつつあった。天津で日清間の交渉が進むさなか、朝鮮政府の内部でロシアと通じようとする動きが生じたからである。

朝鮮政府の外国人顧問・メレンドルフは、ロシアから軍事教官を招く計画をたて、秘密裏にロシア側と接触し、一定の諒解に達した。しかもその目標は、軍事教官を招聘するばかりにとどまらない。ほかならぬ清朝の勢力に対抗するため、朝鮮をロシアの保護下に入れようとしたものである。

そもそもメレンドルフは清朝に雇われていたドイツ人で、李鴻章がとくに見こんで、日本の勢力をおしとどめるために任命した者である。金玉均らと敵対し、甲申政変でもその党派を弾圧したことは、よく期待にこたえた働きだった。

メレンドルフ本人はしかしながら、清朝の言動にすべて納得していたわけではない。かれは

むしろ、朝鮮に対する清朝の干渉をゆきすぎとみて、快く思っていなかった。朝鮮は清朝の勢力から離脱することが、正当かつ有利だとみたのであって、ロシアとの密約画策も、その方針にそった行動である。抜擢派遣した李鴻章にとっては、何とも皮肉な結果であった。

一八八五年七月、ロシアの軍事教官招請計画が発覚するや、清朝の側はそれが自らの利害に反すると悟り、メレンドルフの背信に激怒して、ただちにかれを失脚させた。いわゆる露朝密約事件である。

朝鮮半島をめぐる国際情勢は、それまで実質的には日清の二国しか利害関係はなかった。それがロシアの登場によって、にわかに複雑化する。ロシアだけではない。それでなくとも、中央アジア方面でロシアと鋭く対立していたイギリスは、東アジアでの動向をも警戒していたから、機先を制して朝鮮の巨文島(コムンド)を占領した。もちろん朝鮮には何の連絡、ことわりもなかった。いわゆる巨文島事件である。もはや事態は、日本との対立だけではなくなっていた。

したがって、優位にあったとはいえ、清朝の側は手放しで事態を楽観したわけではない。まず何よりも、朝鮮政府の安定こそ重要である。壬午変乱にせよ、甲申政変にせよ、政府内部の党派抗争が原因であり、それに外国の武力がむすびついた、という構図だった。それを抑止するには、外圧しかない。圧力をかけられるのは、客観的具体的にみて、いまや清朝しかなかっ

た。

ロシアを恐れるイギリスが清朝との関係を深めたのも、日本の外務卿井上馨（いのうえかおる）が李鴻章と朝鮮政策を協議して、実施にいたらなかったとはいえ、八ヵ条の具体案を定めたりしたのも、そうした事情によるものである。そんな情勢のなかで、袁世凱の存在が次第にクローズアップされてきた。

抜　擢

甲申政変の一方の立役者は、まぎれもなく袁世凱だった。弱冠二十代の一参謀がその果断な行動で、清朝の最も重大な対外関係の帰趨を決定づけたのである。本国の李鴻章も否応なく、かれの存在に注目せざるをえなかった。

李鴻章は甲申政変鎮圧の直後から、壬午変乱で拉致し、天津に抑留していた大院君をソウルに帰還させることを計画していた。大院君は国王高宗の実父であるので、清朝の手先として、朝鮮政府の蠢動をおさえるのに利用できる、との構想である。これはもともと、袁世凱の発案だった。

本人の意思とかかわりなく、むりやり拉致したものを今度は送りかえすのだから、ずいぶん

と身勝手な話ではある。ともあれ、清朝の対朝政策の第一手はこれだった。日本の態度もみきわめながら、正式に大院君の送還を決定したのは、一八八五年九月二二日のことである。

袁世凱じしんは甲申政変後まもなく、ソウルから帰国していた。故郷にひきこもっていたのである。クーデタを水泡に帰せしめ、日本の野望を挫いたのは、ほぼかれ一人の功である。なればこそ、同僚の嫉視と日本の非難が、その一身に集中し、李鴻章もそれを受けて、表向きはかれを叱責せざるをえなかった。そこで三十六計逃げるにしかず、郷里に帰り情勢を観望しつつ、鋭気を養うのが得策だと判断したわけで、このような行動様式は、後年にもしばしばみら

李鴻章

大院君

れるところである。周りからは、失意引退とみえてもおかしくない。

もっとも李鴻章の評価は、それで変わることはなかった。日清がひとまずの諒解に達し、いよいよ具体的な政策立案を実施する段階にさしかかっている。大院君の送還帰国もその一環であった。

李鴻章はここに至って、ついに袁世凱を抜擢し、まずはその護送の任務で朝鮮に派遣する。あらためてソウルに向かう弱冠二十七歳の軍人は、もはや派遣駐屯軍の一参謀ではない。「上国」清朝の代表であった。

派　遣

かくて袁世凱が、ふたたび朝鮮の土をふんだのは、一八八五年一〇月三日。三日後に国王高宗に謁見する。

護送してきた大院君は、ひとまず故居に落ち着いたけれども、かつての仇敵の存在をおそれた閔氏が黙ってはいなかった。大院君に与する人士の身柄を拘束し、大院君じしんをも軟禁状態に置いたのである。

大院君本人に帰国後、どれだけ政治的な意欲があったか、そもそも疑わしい。頑健で精力的

な人物だったから、なお野心的であってもおかしくはない。けれども清朝側の記録には、きわめて消極的な発言も残っている。リップサービスとみるのも可能だが、存外本音を吐露したものだったかもしれない。ともあれ、かれは何ら影響力を及ぼすことはかなわなかったのであって、朝鮮政府の軽挙妄動に対する一定の抑止力という清朝の期待した役割を果たすこともなかった。

袁世凱はそうした情況をつぶさにみたのち、いったん帰国復命する。自分がつれてきた要人に対するこの待遇は、さぞかし不快だったにちがいない。小さくは自分の、大きくは清朝の面子をつぶされた、というにひとしいからである。

大院君の送還は、清朝にとって失敗だった。しかし李鴻章ともあろう政治家が、それしきの見通しがなかったはずはない。この挙はむしろ、発案者たる若年有望の袁世凱に、ままならぬ実地の体験を積ませ、確乎たる心構えをもたせるべく、あえて大院君護送の任務を与えたとみるべきだろうか。朝鮮の形勢・袁世凱の性格と器量、すべて見切っていたうえでの委任だったのかもしれない。果たしてまもなく、復命した当の袁世凱に大命が下る。

拝命

一八八五年一〇月三〇日、袁世凱が任命されたポストを「総理朝鮮交渉通商事宜」という。どうにも熟さない冗長な肩書だが、読んで字のごとく、朝鮮の対外交渉と通商の問題を一手にひきうける、という任務のポストだった。もちろん李鴻章の推挙による。その推薦状には、まず「胆力もあれば才略もすぐれており、大局をみとおすことができる」と袁世凱の能力、資質をのべ、ついで、

いま外国との貿易が日々さかんになり、各国の公使がソウルに集まっているので、臨機の対処いっさいは、清朝の補佐に頼らなくてはならないから、この人員の権限を強化し、こうした肩書のポストにして、対外交渉に干渉するねらいをしめすべきだろう。

と現地の情勢およびそこで求められる役割を説明、そしてむすびに、かれを「西洋列強がその属国に派遣駐在させる人員」になぞらえる。そこで袁世凱は朝鮮に赴任すると、その名刺に英語でResidentという肩書を書き加えた。けだし、英領インドで大きな権限をもつイギリスの「駐在官」の意味である。

このように袁世凱の朝鮮派遣には、朝鮮の内政外交に干渉すべき役割が最初から規定、想定

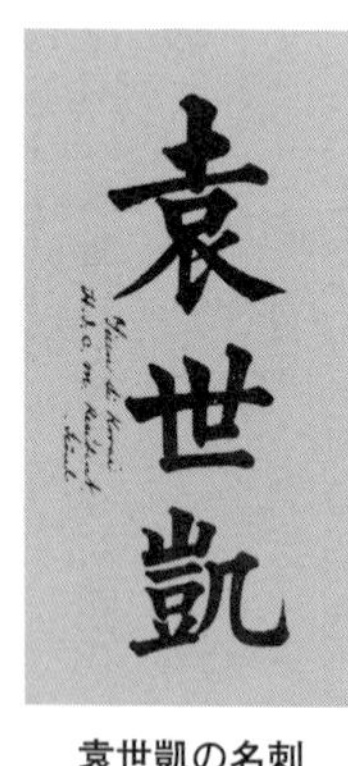

袁世凱の名刺

されていた。かれ自身もそこはよくわきまえて、その意を体した行動で一貫していた。そういう適材を適所に配置した、というべきだろうか。

李鴻章がことさら袁世凱を抜擢し、こんな役割を与えたのは、それだけ危機感が大きかったからである。その機縁をなしたのは、やはり露朝密約事件だった。とりたててロシアだけをおそれたのではない。むしろ清朝の対韓政策の根柢に関わる問題だったのである。

袁世凱が大院君をソウルに送りとどけたとき、朝鮮国王高宗に提出した意見書がある。名づけて「摘姦論(てきかんろん)」、つまり奸悪なる人物を摘発駆逐せよ、と論じるこの文章は、かれ個人の認識・政策である以上に、清朝の立場を直言したものとみることができる。まず、

> そもそも保護の権というのは、上国だけが有するものだ。壬午・甲申での内乱平定がその明証である。

と言い放ち、朝鮮を「保護」する「権」は、「上国」たる清朝が独占すべきだと主張する。そ

して、

清朝の属国というのは、内政・外交はその自主による。西洋の場合はそうではない。ただ年金をもらうだけで、内政外交は自主できず、とりたてた財貨も、宗主国のものになってしまう。

と清朝の「属国」と西洋流の属国とのちがいを述べ、朝鮮はいったい、どちらがよいのか、と迫ったのである。

ここで注目すべきは、冒頭の「保護」と末尾の「属国自主」であり、緊密な連関を有している。「上国」たる清朝が、「属国」の朝鮮を「保護」する、それがしかるべき姿である。しかしながらそれは、これまでの行きがかり上、朝鮮側から「自主」的に求めるものでなくては、朝鮮じしんはもとより、ほかの国々もおさまらない。

しかし清朝にとっては、当時そのこと自体、危うくなっていた。「摘姦論」はロシアをあげつらったけれども、ロシアに限ったことではない。甲申政変では、朝鮮は日本に頼った。のちには、アメリカも登場する。つまり「属国」が「上国」の清朝以外に「保護」をたのむという

のが、ゆゆしき事態であって、それを矯めなくてはならない。

　そこで白羽の矢を立てたのが、袁世凱だった。かれは若き軍人である。それだけに思考も行動も、より直截で徹底していた。自ら護送してきた大院君の処遇で、自分と清朝本国の面子がつぶされたことも、癇に障っていたにちがいない。そんな気質と姿勢は、ふつうの外交なら、むしろ障碍以外の何物でもないだろう。しかし当時の清朝・李鴻章の対朝政策には、必要だったのであり、そこを見こんでの任命だった。

軋轢

　そうしたねらい、しかもそれが功を奏したことは、日清戦争の勃発までおよそ十年、袁世凱をその地位に据え続け、動かさなかった事実が、何より雄辯に物語る。

　その間、袁世凱が推し進めたのは、朝鮮に対する高圧的な政策である。日常の態度、立ち居振る舞いからして、そうだった。

　王宮に輿で乗りつけ、尊大な態度で国王をないがしろにする。韓廷では並みいる官僚を威圧する。外国の使節とは一線を画して、安易な社交はしない、式典のことごとに対立する、などなど。そんな行状は、内外から非難囂々だった。

一事長一智學識更自此
進矣嘗嘆
執事忠亮英敏少年從
得少者負固之氣
今見及此吾復何憂漢之終
軍豈非奇才長纓南越卒
至顛蹶更事少也昔人之稱
鄧高密曰深沈有大度諸葛
武侯曰謹慎云云之出甫二十餘

李鴻章の袁世凱あて書翰

ソウルに駐在してから1年ほど経ったころのもので，「忠亮英敏」ながら妥協に流れがちとみていたが，今や「何の憂い」もない，と褒めている

要するに、朝鮮と外国に「上国」の威福をみせつける、ということである。それは日常の社交、慣例的な礼儀・エチケットの場のみにとどまらない。むしろ重要なのは、政治外交にかかわる事件である。

その文脈でとくにきわだっていたのは、外国人顧問のデニーとの対立である。デニーはアメリカ人の法律家で、もと上海駐在の総領事だった経歴をもつ。李鴻章がメレンドルフの後任として、袁世凱の派遣と合わせ、朝鮮政府に送りこんだ人物だった。

デニー

李鴻章が期待したのは、デニーが袁世凱と協力して清朝の対韓政策を推し進める役割を果たすことである。法律家・外交官を選んだのも、西洋列強との関わりで国際法などに明るいところを見こんだからであった。

ところがかれは、まもなく袁世凱を厳しく批判するようになる。前任者のメレンドルフと同じく、その委任はいわば裏目に出た恰好であった。

二人の対立が決定的になったのは、一八八七年の国王廃立と翌年のソウル教案をきっかけとする。前者は国王高宗を廃し、新たな国王をたてて、大院君を摂政にすえようとした謀略、後者はソウルでキリスト教徒・教会が襲撃を受けた事件であった。もっとも、いずれも袁世凱が関与した、という決定的な証拠はあがらなかったため、うやむやのうちにすまされている。けれどもデニーは袁世凱の指示によると断じた。客観的にみても、決して根も葉もなかったことではない。

デニーは激怒した。自分のつかえる君主の存在を否定し、ソウルに暮らす自分たち外国人の生命財産をおびやかす行為だったからである。かれはそれを公に糾弾すべく、『清韓論』(*China*

and Korea）という英文パンフレットを著し、あわせて李鴻章の朝鮮政策そのものを非難した。朝鮮は国際法上も実質的にも独立国であるのに、清朝・袁世凱はその地位を蹂躙し、内政外交に干渉している、というにある。

デニーの解釈と主張は極端だとしても、朝鮮も外国も少なからず共通する思いはぬぐえなかった。朝鮮はデニーがこのように声を上げる前、欧米に常駐外交使節を派遣したことがある。袁世凱はそのさいも、執拗に抗議を重ね、あれこれ条件をつけて干渉したから、朝鮮政府もアメリカ当局もいたく反撥した。

袁世凱はそもそもロシアのみならず、アメリカにも警戒の眼を向けていた。いずれも軍事教官を派遣する形で、「上国」清朝の「保護」を脅かそうとしたからである。そこに重ねて、欧米使節派遣やデニーの事件が起こり、対立はいよいよ尖鋭化した。外国列強はことあるごとに、袁世凱の行為に対する不満を清朝当局にもらしたし、朝鮮政府もたまりかねて、かれの召還を申し入れている。

しかし李鴻章の信頼は揺らがなかった。かれの方針を袁世凱が忠実に果たしていたからである。

朝鮮の問題は日々悪化、挽回は容易ではない。そちらへ赴任して三年、重なる調整の苦心、機をみての救済、局外者はよくわからなくても、わたしはきちんとみている。何度も注意してきたのは、鋭鋒の過ぎることを心配しただけ。貴翰を拝読したが、見識度量はますます深まっており、喜ばしいかぎりだ。

これは一八八八年八月に袁世凱へ送った書翰である。同じ文面で、デニーのことを「區區(おろかな)たる小豎(こぞう)」と罵り、その「誣罔(ひぼう)の詞」「邪説」は通用しない、と批判してもいる。さらにその四年後、一八九二年に袁世凱を推挙する上奏文のなかには、

袁世凱はまず朝鮮に対し、属国という名分を正してその僭上(せんしょう)を防ぎ、また外国に対しては、その交際を工夫して欺瞞侵略を阻んだ。およそ体制・利害の関わるところ、事前に予防、臨機に対処、事後に挽回して、ことごとく要所をはずしてこなかった。

と書き込んだ。手放しの讃辞といっても、過言ではない。ときに袁世凱は三十四歳、その有能ぶりをみせつけ、李鴻章も大いに満足したわけである。

4　蹉　跌

圧　倒

たしかに一八九〇年代になると、客観的にみても、情勢は袁世凱の有利に傾いてきた。かれの立場からすれば、それまではむしろ逆境であった。朝鮮政府とも外国当局とも折り合いが悪くなるほど、自らの地位を訴えて我を通さねばならなかったのは、任務を忠実に果たそうとしたからである。

とにかくかれはくじけない。政府交渉で打開できなければ、王室の儀礼、あるいは通商や金融も利用し、あらゆる方面から、朝鮮が清朝の「属国」であることを立証しようとつとめた。

その行為はすぐには所期の成果をあげなかった。しかし事態の好転は、やがてかれ自身にも実感できるようになってくる。朝鮮政府の反撥が弱まり、かれとの間にパイプもできた。エネルギッシュな活動は、次第に実を結びはじめたのである。

それをよく示すのが、防穀令(ぼうこくれい)事件だった。防穀令とは、朝鮮の地方官が発布する、穀物の移出を一時的に禁じる命令である。不作が起こったりすると、しばしば出されており、咸鏡道で

一八八九年一〇月に施行された防穀令も、その慣例にしたがったものだった。ただ日朝の通商規則は、防穀令施行にあたっては、その一ヵ月前に日本の当局に通告するきまりであった。日本の主要輸入品が米穀だったからである。ところがこのとき、朝鮮側の事前通告が一ヵ月の猶予をおかなかったため、日本側は公式に抗議した。

翌九〇年一月に防穀令そのものは撤回されたものの、その間の取引禁止で、大豆輸出に従事していた日本人貿易商が損害をうけ、その賠償をもとめて日朝間の外交交渉となった。いずれにせよ、もともと清朝・袁世凱とはほぼ関係のなかった案件である。

ところが一八九三年、日本政府がソウル駐在の公使に自由党系の政論家・大石正己(おおいしまさみ)を派遣すると、ことはにわかに重大化した。かれはその著述で「列国会議」による朝鮮の「保護国」化をとなえており、清朝の「属国」を否定するそうした持論に、清朝と袁世凱が警戒を強めたからである。

怖るべきは、日本・西洋諸国が「連合」して朝鮮の「自主」・独立を支持し、朝鮮もそれに共鳴する事態であって、そんな策動をしかねない大石は、ぜひとも排除せねばならない。防穀令の賠償交渉で、朝鮮の当局者が助言をもとめたのを機に、袁世凱は介入に乗り出した。交渉をこじらせ、日朝を対立させて、大石の声価を落とす作戦である。

大石も粗暴で儀礼慣行を無視、恫喝を交えた非礼な交渉態度に終始し、朝鮮政府に嫌悪の念をかきたてた。袁世凱は労せずしてつけいることができ、日朝対立はエスカレート、ついには大石が武力行使を進言し、最後通牒を提出するにいたる。

危機をどうにか回避できたのは、日清本国間、総理大臣伊藤博文と北洋大臣李鴻章の連絡協調による。後者の勧告により、朝鮮政府は賠償支払いに応じ、ひとまず防穀令事件は決着がついた。

何事も徹底する袁世凱のこと、本国で上司の李鴻章が伊藤博文と妥協したのは、むしろ不本意だったかもしれない。それでもこの結末は、日本の大きな失敗だった。事件決着後まもなく、大石を更迭し、北京駐在公使の大鳥圭介(おおとりけいすけ)に兼任させざるをえなかったのが、その証左である。逆に袁世凱には多大な収穫があった。大石の退場をかちとったばかりではない。赴任以来ともすれば険悪だった朝鮮政府との関係は好転して、その清朝への依存が深まったからである。

東　学

時あたかも東学の運動が、次第に激化しつつあった。東学とは西学（キリスト教）に対する命名で、儒教・仏教や道教、さらに民間信仰を習合した朝鮮の新興宗教である。教祖崔済愚(チェジェウ)が一

八六〇年より布教をはじめたところ、弾圧にあって処刑された。東学は以後、秘密結社としてひろがり、教祖の名誉回復と教団の合法化を願って運動をつづける。

かれらは一八九三年五月、忠清道の報恩(ポウン)郡で一大集会を開き、政府を批判し、外国排斥をとなえ、当局の解散命令にも従おうとしなかった。朝鮮政府がおそれたのは、東学が排外行動に出ることであり、その阻止のため、武力制圧も辞さない意向を固める。もっとも自らの武力だけでは、それはおぼつかないので、外国の軍事的な援助を求める意見も出て、袁世凱にも、内々にその打診を行っていた。

袁世凱としても、援軍はのぞむところだった。いっそう目に見えるかたちで、朝鮮を保護し、「属国」を立証できるからである。来るべき出兵への布石を着々と打った。

報恩の集会だけで終わらなかった。全琫準(チョンボンジュン)ひきいる東学の教徒は、翌年三月に全羅道で蜂起して、事態は名実ともに反乱と化す。さしむけられた鎮圧軍は、ほとんどなすすべもなかった。五月三一日に全州(チョンジュ)陥落の報がとどき、もはや坐視できなくなった朝鮮政府は、ついに「壬午・甲申の先例」にならって、清朝の援軍をもとめる。

こうした東学の反乱じたいが、袁世凱の陰謀、煽動だとする説も、かつては取り沙汰された。もちろん信ずるに足らないけれども、その思惑にあまりにも合致した経過だったからであり、

事情の一端を示してはいる。

　袁世凱がソウルに駐在した十年、朝鮮が求める保護と清朝が与えたい保護は、いっこうに合致しなかった。かれは赴任以来、そんな矛盾と格闘し、今ようやくそれを解消できたのである。「属国」の軍事的な保護の帰属が、名実ともに「上国」にもどってきた。清朝はこの援軍の朝鮮派遣を「属国を保護する」と説明した。ようやくそう公言できるようになったわけである。袁世凱は大きな達成感を味わったことだろう。

　連絡をうけた本国の李鴻章は、すぐさま巡洋艦二隻を仁川に派遣した。また六月八日から一二日にかけて、陸軍二千四百を牙山（アサン）に上陸させ、二五日には四百名を増援する。

　しかし朝鮮の内乱そのものは、清軍の態勢が整うのをまたずに、ひとまず終息していた。東学と政府のあいだで、六月一〇日に和約がむすばれて、政府は反乱側の要求をほぼ受けいれたからである。

　このままいけば、清朝の撤兵も時間の問題だったかもしれない。ところが同じ六月一〇日、思いがけない展開となった。日本軍がソウルに入城してきたのである。袁世凱は一転、大きな困惑に陥らざるをえなかった。

開戦

一八八五年に日清が約した天津条約は、三ヵ条のごく簡単なとりきめ、うち最も重要なのは、出兵について定める第三条であった。朝鮮に重大な変乱がおこって、日清の出兵を要するときは、事前にそれを通知しあう、というにある。

これは当時の情勢からして、日清いずれかが出兵すれば、自動的にもう一方も派兵する、という意味にほかならなかった。不用意な出兵は、武力衝突につながりかねない。北洋艦隊を建設した淮軍の総帥・李鴻章も、有する軍事力に必ずしも自信はなかったから、朝鮮に対するその行使をずっと自制していたのである。

以上の事情を袁世凱が知らないはずはない。それでもこの一八九四年の段階で、かれが清朝の出兵を策したのは、政府と議会の対立が続く日本の内政は紛糾しており、朝鮮に出兵してくる余裕がない、と見きわめたためである。結果的には、これが致命的な判断ミスであり、日本の出方は予想をはるかに越えて敏速だった。

賜暇(しか)帰国中の大鳥圭介公使に代わり、ソウルの日本公使館をあずかっていたのは、一等書記官の杉村濬(すぎむらふかし)である。かれは袁世凱に対する朝鮮政府の出兵要請を察知し、本国へ打電急報した。日本政府はこれを受け、九四年六月二日の閣議で清朝が出兵した場合、混成一個旅団を派兵

する方針を決定した。六月五日に大本営を設置、大鳥公使も朝鮮に発ち、一〇日ソウルに帰任する。同じ日、海軍陸戦隊四百三十名もひきつづいて、ソウルに入った。陸軍もすでに動員準備をすませ、六月一六日には、混成旅団のうち約四千の仁川上陸が完了している。清朝陸軍の朝鮮上陸から、わずか四日後であった。

天津条約にもとづく相互通告は、六月七日におこなわれた。清朝が自らの出兵を「属国を保護する先例」にしたがったものだと公言したのは、このときである。日本の側は、済物浦条約にさだめる在外公館の保護規定を派兵の法的根拠とした。

まもなく内乱はおさまったから、日清双方とも理論上、出兵の根拠を失う。そこで袁世凱と大鳥は交渉に入り、いったんは共同撤兵で合意しながら、けっきょくそれは実現しなかった。

そもそも日本の派兵は、外相陸奥宗光（むつむねみつ）の言を借りれば、朝鮮半島の「権力の平均を維持」するためであった。このたびの清朝の出兵で、いっそう清朝に有利に、日本に不利になってしまうのを防ぐ目的である。そして日清同時の撤兵では、やはり清朝の勢力増大を結果し、一方的に不利になってしまう、と日本の当局は憂慮した。その判断は必ずしも、誤ってはいない。清朝側は以後も一貫して、何よりも同時の共同撤兵を先決条件だと主張して譲らなかったことが、そうした事情を物語る。

日本政府は外国の出兵を誘発する内乱を根絶するため、朝鮮の内政改革を提案していた。しかし清朝側から返ってくる答えは、やはり共同撤兵優先であったので、陸奥外相は断じて撤兵せず、と通告する。時に六月二二日。

内政改革に賛同する朝鮮政府の勢力は微弱であり、清朝・袁世凱にくみする勢力が圧倒的に優勢であった。かれらは清軍の存在を頼みとしていたから、内政改革を実施し、日本の勢力を伸ばすには、日本軍を残したまま、清軍の存在を否定しなくてはおぼつかない。

そこで、大鳥公使が杉村書記官らの進言を容れてもちだしたのが、清韓の宗属関係である。すなわち「属国を保護する」清軍の存在が、二十年前に結んで朝鮮の「自主」をさだめた江華条約第一条に違う、ととなえだした。けだし共同撤兵を拒み、衝突のきっかけを作って戦闘にもちこむねらいである。

七月二〇日、大鳥公使は最後通牒を朝鮮政府につきつけ、朝鮮の「自主独立を侵害」する清軍を退去させよ、朝鮮側ができないのであれば、日本軍が代わって清軍を駆逐する、と申し入れた。仁川・ソウル間にあった日本軍は南下し、七月二五日に豊島沖の海戦、二九日に成歓(ソンファン)・牙山の役となる。

離　脱

かくて勃発した日清戦争は、周知の経過をたどって、日本の大勝におわる。朝鮮半島の勢力争いに端を発したこの戦争をへて、東アジアの勢力地図と秩序体系は、大きな転換を迎えた。その端緒をつくったのが、ほかならぬ袁世凱である。では、かれ本人はこのときどうしたか。

日本軍の出現以来、袁世凱は任務として、破局を回避すべく、日本当局との交渉と朝鮮政府への工作を続けた。しかし機を見るに敏な男である。早くも六月の末には、本国へ申し入れを行っている。朝鮮政府はもはや清朝を「上国」とみなさなくなって、ソウルに駐在する理由も失われた、と述べ、自身の召喚を求めたのである。

北京政府は日本に口実を与えるだけだとみなし、袁世凱の帰国に難色を示した。しかしここが、切所である。情勢が日々刻々、不利におもむき、四面楚歌になりゆくなか、かれは何度も申請をくりかえしたあげく、あらためて七月一五日に急ぎ打電、病気を理由として、部下の唐紹儀（しょうぎ）にすべてをまかせ、即日朝鮮から離れることを願い出た。

意に違う開戦を迫られた李鴻章が、袁世凱の申し出に口添えをしていたのは、やや意外な感もある。壮年有望なかれを庇護しようとの思いだったのかもしれない。このときも北京政府にとりなして、二日後にようやく帰国の許可が出た。さらにその二日後の七月一九日、袁世凱は

ソウルを離れ朝鮮を後にする。大鳥公使が朝鮮政府に最後通牒を発する一日前のことだった。
袁世凱が天津についたのは七月二一日、すぐ李鴻章のところへ報告にゆき、要人とも面会を重ねた。日本との戦争に突入したこの局面で、朝鮮の事情に通じたかれを遊ばせておく手はない。李鴻章は八月四日、袁世凱を清軍補給の担当官に命じ、平壌に派遣する。九月の下旬、瀋陽まで来ると、平壌の陥落を知り、同僚の周馥（しゅうふく）とともに、そこで任務にあたることにした。二度と朝鮮の土を踏むことはなかったのである。

敗走を続ける清軍の手当に奔走した袁世凱は、翌一八九五年五月、母親の病を理由に職を辞した。慶軍に属して以来、積み重ねたキャリアの成果は、日清戦争の敗北でほぼ無に帰したわけである。いわばリセット、出直しだった。

当時かれは、北京政府中枢の要人、李鴻藻（りこうそう）と頻繁に手紙のやりとりをしていた。李鴻藻は名前の字面は似ているけれども、李鴻章と類縁ではない。むしろその政敵にあたる大物、戦争のタイミングで、このあたりとコネを強めるというのも、非凡な政治センスではある。日清戦争の総括といった趣の五月付書翰では、三国干渉について、

しかし三国がわれわれを助けるというのは、きっと下心があるからでして、ほかの国が乗

じて何かたくらむのも、目に見えています。こちらとしては、自強の道がやはり一刻の猶予もならないことなのです。

と記すのが目を惹く。以後の史実経過で露呈する内外の課題をすべて見切っている、といってよい。長きにわたるソウル駐在で、列強とわたりあい、パワー・ポリティクスをくぐりぬけ、半年あまりの補給任務で、自軍の弱体と敗北を目の当たりにした、袁世凱ならではの意見である。

だとすれば、挫折にもみえる若き日の経験は、決して無駄ではなかった。軍事力と外交力。これが捲土重来をめざすかれの目標となり、それがまた、余人の追随を許さない財産ともなる。

第二章　台頭

袁世凱（義和団時期）

1 新軍

李鴻章の役割

日清戦争は東アジアの分水嶺である。これを機に、内外の情勢は一変した。袁世凱の一身にも当然、少なからぬ影響をおよぼす。まずは本人の出処進退に関わるところから、そのあたりの事情をみていかねばならない。

「日清戦争」といえば、読んで字のごとく、日本と清朝の戦争になる。中国語でも「中日戦争」というのだから、ほぼ同じ。けれども中身を仔細にみると、そうはいいきれない。清朝側で日本軍と戦ったのは、ほぼ李鴻章ひきいる淮軍・北洋艦隊だけだからである。直截には、日本対李鴻章の戦争ともいわれた。

一国の総力をあげて戦った当時の日本、そして戦争とは国と国がするものだと考える普通の日本人にとっては、そのへんがわかりにくい。しかし当時の清朝の体制では、そうなるのがむしろ必然だった。

すでに述べたとおり、清朝の漢人支配は、君主独裁制でありながら、かつ地方分権的な体制だった。最終的な決定権は皇帝が有しながらも、実地の統治は地方官、とりわけ総督・巡撫に委ねられていたのである。皇帝あるいは北京が各省の督撫を掌握することで、秩序が保たれた。

そこにあらわれた変化が、「督撫重権」である。内乱が頻発した一九世紀後半を通じ、督撫はこれまで以上に大幅な裁量と権限を獲得した。かれらは内乱鎮圧・治安維持のため、有効な軍事力を実地に保有、行使しなくてはならず、そのためにはやはり、豊富な財源と有能な人材を独自にもたねばならなかったからである。

北京がおよぼす統制力は、自ずから弱まった。むしろ自ら弱めることで、清朝は延命をはかったともいえる。それを制度的に保証したのが、政治的な責任の所在を曖昧にした「垂簾聴政」であった。頂点にいる西太后は、いかに権勢欲はあっても、独自の判断や決断を下すには、その曖昧な地位から自ずと限界があったし、またそうする意欲があったとも思えない。微弱な統制しか及ぼせない、及ぼさないことで、事情に通じた督撫に手腕をふるわせた。その典型が李鴻章との関係である。

直隷総督・北洋大臣の李鴻章は、中国最大最強の軍隊を率いて、沿海地方の治安維持にあたった。そこが最も人口稠密で経済的にも先進の地域なのだから、かれの淮軍・北洋艦隊は、自

前で養う義勇軍だとはいえ、事実上さながら国防軍の地位をしめた。それを維持運営するために、軍事はもちろん、通商・実業・教育など、各方面にわたる多くの人材が蝟集した。袁世凱もそのうちの一人だったといえよう。

李鴻章はあくまで地方官だったから、その管轄範囲というものがある。かれが沿海の防衛にあたり、その延長として、いわゆる「朝鮮問題」があった。かれが一手に朝鮮をひきうけたのは、そのためである。その果てに日清戦争が起こったのだから、かれが担当として戦ったのも、無理はない。われわれが対外戦争とみなすものは、当時の中国では、皇帝が直接に関与しないかぎり、統治構造上、一地方の騒擾になってしまうものなのである。

権力構造の変動

西太后はこの李鴻章の実力と政策をオーソライズすることで、清朝のひとまずの安定をもたらしたし、李鴻章はこの西太后の権威を借りることで、反対の多い自らの方針を曲がりなりにも実行できた。北京と地方は相互に依存しあう構造になっていたのである。

こうした構造も、しかし次第に変化していかざるをえなかった。まずはごくあたりまえな時間の経過である。「督撫重権」「垂簾聴政」は一八七〇年代に安定をみた。そのとき、李鴻章は

五十代、西太后は三十代で働き盛り。ところが日清戦争当時になると、西太后は還暦、李鴻章は数え七十二である。時の流れは、かれらを容赦なく老いにみちびき、それまで存在すら意識されなかった幼帝を成人せしめる。

光緒(こうちょ)十五年(一八八九)、数え十九歳の光緒帝が親政をはじめると、文字どおりの「垂簾聴政」は、終焉を迎えた。君主独裁制の制度的たてまえが、あらためて実体化しはじめる。なお若年であるために、最終的な実権は西太后が掌握していたけれど、光緒帝じしん、名君を輩出した清朝の天子たることの自覚に、決して乏しくはなかった。

北京の中央官僚たちは、李鴻章を中心とする「督撫重権」に不満だった。主義・政見がちがうということにくわえ、その一派によるポストや利権の独占など、いっそう経済的利害にかかわる不平感もある。かれらは儒教的なイデオロギー、攘夷思想の原則論をとなえて、現場の情勢に応じ外国との妥協に流れがちな李鴻章らを非難、指弾するのが常であった。これを「清議」という。この勢力は西太后に抑えられていたものの、成人した光緒帝のもとに結集し、制度上皇帝の有すべき中央の独裁権力で、現状を変更しようとした。

こうした条件がそろって表面化したのが、日清開戦である。目的や思惑こそちがえ、戦争は避けたい、と西太后も李鴻章も考えていた。それに開戦をせまったのは、外は日本の陸奥外交、

内は光緒帝を中心とする反対派の策動である。十年前なら、あるいはしりぞけられたかもしれない。しかし今回はまるで条件が変わっていたのである。

かくて「垂簾聴政」も「督撫重権」も変容する。前者では意欲的な光緒帝の登場で、中央政府のプレゼンスが高まった。後者では中国最大の軍事力が潰滅し、地方督撫の比重が絶対的にも低下する。バランスを保ってきた清末の権力構造は、にわかに動揺をはじめた。

小站へ

日清戦争がおわった時、袁世凱は数えて三十七歳。若年から抜擢をうけたが、ここでつまづいた恰好である。ただ倒れたまま、無為に過ごすには、かれは精力的に過ぎたし、それを許すほど、情勢も平穏ではなかった。

かれがまもなく姿をあらわしたのは、天津南東の郊外に位置する小站(しょうたん)というところ。もともと淮軍の兵舎があった場所である。かれはここで新しい軍隊の組織と調練にあたることになった。そこにいたるには、少し複雑ないきさつがある。

日清戦争で淮軍が潰滅し、李鴻章も直隷総督・北洋大臣を免ぜられた。かれはなお、中央の官僚にとどまったとはいえ、往年の役割を果たすべくもない。かれが直隷総督・北洋大臣とし

て天津に駐在したのは、その淮軍が近接する首都北京の防衛を担うことを期待されていたからである。しかし戦争でその武力が移動、消滅したため、補塡しなくてはならなくなった。

新たな軍隊の組織は一八九四年の末、もと李鴻章の軍事顧問だったドイツ人ハネケンの進言ではじまった事業である。しかしながら、もはや地方の督撫がおこなうところではない。むしろ中央政府が主導したもので、それを実質的に指揮したのは、李鴻藻・翁同龢(おうどうわ)や栄禄(えいろく)である。

李鴻藻はすでにふれた。李鴻章の反対派、いわゆる「清議」勢力の領袖格というべき人物である。翁同龢は科挙を首席合格したエリート中央官僚、光緒帝の師傅(しふ)もつとめていたから、もちろん李鴻藻と同じく、皇帝派であり反李鴻章派だった。日清開戦当時、財務をあずかったかれは、李鴻章と清朝を戦争に追いやった張本人でもある。栄禄は満洲人、中央の大臣を歴任した顕官で、日清戦争では歩軍統領として軍務についた。戦後は兵部尚書として総理衙門(がもん)大臣を兼ね、軍事と外政をあずかる官庁のトップにのぼっている。

栄　禄

翌一八九五年はじめ、かれらのもとで、残存した淮

軍の一部を基礎に「定武軍」十営、五千人規模の部隊が小站で発足した。現場で部隊組織を統轄したのは、胡燏棻という男である。かれは安徽省泗州の出身で李鴻章と同郷、その幕僚になったこともあった。しかし同治十三年(一八七四)の進士で、そのときの科挙試験官が李鴻藻だったから、その人脈にも連なっている。このたびの任命も、そのあたりに理由があったのだろう。

もっとも胡燏棻は、さして軍事に明るい人物ではない。専門家のハネケンが教練の実務にあたっていても、関係はよくなく、成果もあがらなかった。そのため十ヵ月ほどで更迭、その後任に袁世凱がついたのである。

なぜ袁世凱だったのか、実はよくわからない。かれが日清戦争中から、李鴻藻ら中央の「清議」派と関係を深めており、その引き立てだといわれてきた。さきに引用した李鴻藻あて書翰のなかでも、西洋式精鋭部隊の建設を通じた軍事力充実の必要性を切実にうったえており、もとより両者のつながりが無関係ではなかっただろう。

さらにくわえて、劉坤一という大官の推挙もあった、というのが最近の有力な学説である。劉坤一は一八三〇年の生まれで、当時六十六歳。一八八〇年以降、長江下流域を所轄する両江総督をつとめてきたベテラン、地方督撫のうち最も有力な一人であり、李鴻章が失脚したのち

は、その第一人者といってもよい。

かれは日清戦争中、勅命で派遣されて長城東端の山海関内外で軍事作戦に任じており、そのさい兵站にあたった袁世凱と接触した。そこでの評価である。「度胸も見識もすぐれ、性情は忠順懇篤、理にかなった仕事ぶりで、出色の人材だ」と述べ、「袁世凱ほど軍事を知る文官はいない」と激賞する上奏をおこなった。

老い行く身の、次世代に対する期待だろうか。劉坤一も軍人から立身した人物であり、同じ袁世凱と波長が合ったのかもしれない。ともあれ、この推薦状が北京にとどいてまもなく、帰省中の袁世凱は召喚を受け、北京で光緒帝に拝謁し、小站への赴任を命ぜられた。

昇進

この軍隊建設を俗に「小站練兵」という。抱負としていた軍事力の充実を実践できる絶好の機会だった。チャンスを逃さず、生かし切るのが、朝鮮以来の袁世凱の本領である。

胡燏棻から「定武軍」をひきついでまもなく、あらたに歩兵・騎兵の部隊を追加徴募して、七千人規模に拡充した。名称も「新建陸軍」と改称され、略して新軍という。

その新軍は装備・規律あらゆる面で西洋、とりわけドイツの軍隊を模範にした。ハードの装

砲兵行軍圖

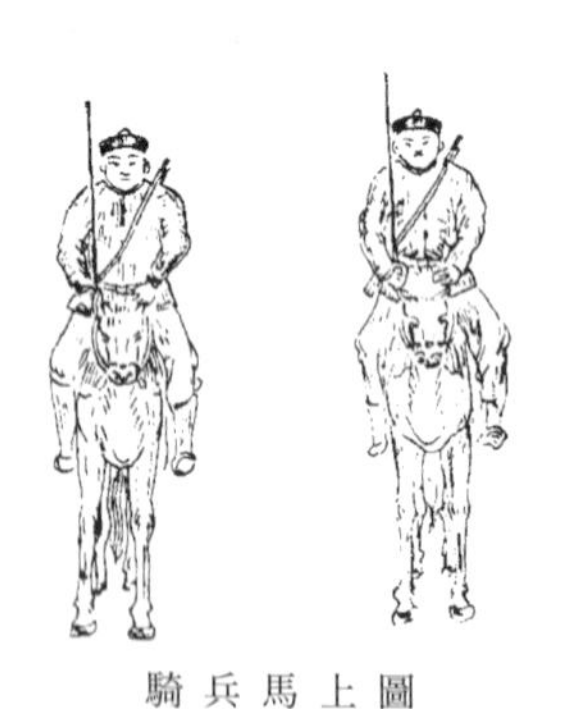

騎兵馬上圖

→歩兵立正圖

新建陸軍

(出典)『訓練操法詳晰圖説』

備面でいえば、モーゼル銃・マキシム機関砲という兵器はもちろん、双眼鏡・電話機・テント・毛布といった器具、制服・靴・薬品など身につける日用品にいたるまで、すべて優れた外国製である。新兵徴募で厳選をはかり、士卒の忠誠心を向上させ、犯罪行為には厳罰で臨むなど、いわばソフトの規律面でも、それは同じだった。

　われわれの常識からすれば、あたりまえの進め方かもしれない。しかし当時の現場にしてみれば、一切それまでの逆をいっ

たものであり、それはとりもなおさず、旧習・積弊の徹底的な否定を含意していた。日清戦争での戦闘を目の当たりにした袁世凱の経験が、そこに作用しているのはいうまでもないだろう。もちろん装備・規律を優秀・厳格にして、軍隊を強化するには、かれ一人ではかなわない。それを補佐する有能な幹部が必要である。その人材は天津の北洋武備学堂が供給した。

北洋武備学堂といえば、李鴻章が一八八五年、自分の淮軍を精強化するため、陸軍士官を養成する目的で創設した西洋式の軍学校である。ドイツの退役軍人が多く教官に採用され、同国への留学生も出していた。一八八九年に五名が第一回の留学を果たし、その一人・段祺瑞をはじめ、馮国璋・王士珍らがこのとき袁世凱の部下となったのである。

段祺瑞

のち「北洋三傑」とよばれるこの三人は、良くも悪しくも、袁世凱とともに次代の歴史を担う人物である。それはすべてこのとき、新軍の幹部就任からはじまった。袁世凱がかれら率いる揺籃期の新軍を原資として、政治的な活動を展開してゆくからである。

出る杭は打たれるのだろうか。袁世凱の試みは、たしかに周囲からみて際だっており、目立ちすぎたのか

もしれない。そこで誹謗の声もあがってくる。西洋模倣の度が過ぎており、給与も分配が不公平で、贈収賄・横領の疑いもある、と告発する正式な上奏もあらわれた。「かような謬妄」に「兵民とも憤り恨んでいる」とその非を鳴らしたのは、胡景佳(こけいか)なる御史、つまり政府のお目付役である。

この弾劾は胡景佳と同郷の李鴻藻が指嗾したといわれる。かれはもともと袁世凱を推賞した人物のはずだが、ここへきて態度を変えたわけで、政界というのは一筋縄ではいかない世界である。

そんな指弾から袁世凱を庇護したのが、栄禄である。一八九六年六月、かれはこの弾劾を受けて、上司・責任者として現場を訪れ査察した。その復命で、胡景佳の弾劾は事実無根だと断じたうえに、「新軍の統制は逐一ゆきとどき、号令賞罰もきわめて厳粛だ」といい、「二、三年たったらきっと強力な部隊となろう」と称賛する。これで袁世凱は、危地を脱した。そればかりか翌年になると、その成績を評価されて、直隷按察使に昇進する。一省の司法長官ともいうべきポストだが、自身の主要な任務としては、ひきつづき「小站練兵」にあたった。

二人の関係ははっきりしないところも多い。栄禄が袁世凱を見こんだとも考えられるが、むしろ後者のほうが先んじて、前者に近づいた、という説もある。それがほんとうなら、かなり

の政界遊泳術だということになるし、李鴻藻が袁世凱に冷淡になったのも、それを察知したからだともいう。とにかく、西洋式の軍隊建設にはげむ漢人軍人と宮廷にきわめて近い満洲大官とが、この段階で結びついたのは確かだった。

袁世凱は一八九八年、北京に上奏し、新軍の師団組織がひとまず完成したこと、さらに歩兵八大隊八千、砲兵二大隊二千、騎兵二大隊一千、工兵一大隊一千への規模拡充をめざすことを報告している。同じころ小站を実見したイギリスの軍人は、その七千四百の部隊を「西洋人の眼からみてもあらゆる点で完全な、中国で唯一の軍隊だ」と評した。袁世凱の新軍は小さいながら、中国最精鋭を称せられる武力になっていたのである。

2　変　法

「瓜分」

袁世凱が「小站練兵」に励んでいる間に、内外の政治情勢はめまぐるしく動いていた。ふたたび、かれ自身のあずかりしらないところで、その進退に影響をおよぼす風雲が巻き起こりつつあったのである。

世界はすでに帝国主義の時代。列強は弱小国に容赦ない圧迫を加え、領土の併合・割取でなければ、経済的な利権を奪い取った。この時期はすでに、通商・市場の拡大にとどまらず、資本の輸出にもおよぶ。日清戦争で無力を白日の下にさらした清朝に対しても、それは例外ではない。

清朝政府は日清戦争の戦費と賠償金をまかなうため、ロシア・フランス、あるいはイギリス・ドイツから、一八九五年から九八年までにくりかえし、累計三億両もの借款を供与された。もちろんタダで借りられるはずはない。そのカタにさまざまな利権を譲渡せねばならなかった。さらに列強は、直接に資本を投下して製造業を起こしたり、鉄道の敷設や鉱山の開発をすすめている。最も有名かつ重大なのが、ロシアの東清鉄道であった。

いうまでもなくロシアは、「三国干渉」の旗振り役である。下関条約で割譲した遼東半島はそれでもどってきたけれども、淮軍と北洋艦隊を失った清朝は、もはや見せかけの武力すらない。日本に対抗するためには、翌年ロシアと同盟密約を結び、シベリア鉄道と接続し、東三省を横断縦断する鉄道の敷設・経営を認めざるをえなかった。これが東清鉄道(中国語では中東鉄路)であり、以後の経済権益・政治外交の一焦点となる。

もとより、それで危機は去らない。一八九七年一一月、ドイツは山東省鉅野(きょや)県で自国の宣教

師が殺害されたことを口実に、軍艦を派遣して膠州湾を占拠し、翌年三月、そこを租借地として認めさせた。「租借」とは文字どおりには、借りる、という意味のことばだが、九十九年間の租借といえば、ほぼ領有同然、当時の実情はむしろその含意だった。

いったん先例が開かれると、騎虎の勢い、とどまるところを知らない。清朝と同盟国だったはずのロシアも、これに乗じて、一八九七年一二月、旅順・大連を奪い、やはり九八年三月に租借した。イギリスはこれに対抗し、対岸山東省の威海衛、および香港の新界を、フランスも九九年一一月に広州湾を租借する。列強はそれぞれ、その租借地を中心に、いわゆる「勢力範囲」を画定した。日本も清朝に対し、日清戦争で獲た植民地台湾の対岸・福建省の不割譲宣言を出させるなど、遅ればせながら、その動きに加わる。

次頁はよく教科書に載せる図である。分けられた「範囲」に暮らすのは、もちろん以前からの住民であり、その社会は厳然依然としてあるから、このように色分けしてみせるのは、必ずしも当時の現実にそぐわない。けれども中国内の知識人、あるいは関係する外国人が、事態をどうみて、いかに行動したかは、客観的な史実とはひとまず切り離して考えなくてはならず、それには、図のイメージがやはり有効である。

こうして中国内で高まってきたのが、いわゆる「瓜分（かぶん）」への危機感であった。「瓜（メロン）」を切り

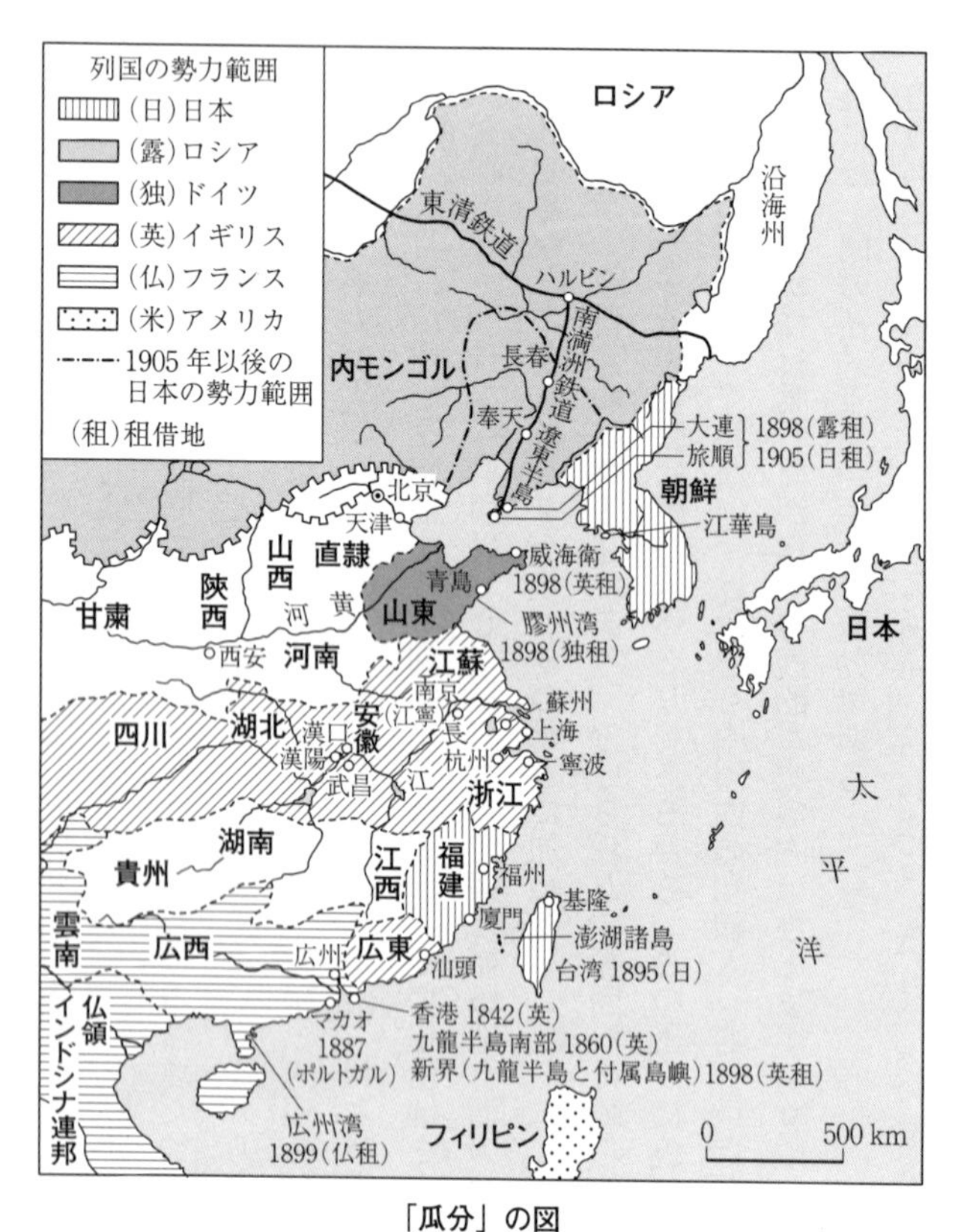

「瓜分」の図

(出典)菊池秀明『中国の歴史10　ラストエンペラーと近代中国』講談社，2005年をもとに作成

分けるように、中国が分割される、という意味だが、その危機感が政局を大きく動かすことになる。

運動

危機感はしかし、このとき始まったわけではない。日清の敗戦がすでに危機だった。「東洋の小醜(しょうしゅう)」、欧米の猿マネ、と小馬鹿にしてきた日本に大敗したことは、大きな衝撃であり、変革の動きが高まったのは、これを直接の契機とする。その運動を主導したのが、康有為(こうゆうい)という広州出身の知識人であった。

清代に中国を風靡(ふうび)した学問は、考証学である。経典の正確な読解をめざす科学的な学問だったものの、やがて瑣末な字句の穿鑿(せんさく)に流れ、実用から離れていた。一九世紀に入ると、これを反省し、目前の課題にとりくむ学問が盛んになってくる。とりわけ尖鋭的だったのが、それまでの正統的な経典の解釈をあらためて、儒教の祖・孔子を制度の改革者、制定者だとみなす学派であり、康有為はその一人。学説をとなえるだけではなく、さらに政治的な実践に及ぼそうとした。

康有為は袁世凱より一年年長、つとに高名な学者ながら、科挙の最終試験にはまだ合格して

いなかった。一八九五年、その試験のさなか、下関条約調印の知らせが北京にとどくと、集まった千名をこえる受験者は、日本との停戦に抗議し、軍備にとどまらない内政・制度の変革をうったえる上書をこもごも政府に提出した。かれもその中の一人であり、いわゆる「変法」の運動がここからはじまる。

康有為がとなえた「変法」とは主に、明治日本をモデルにした変革であり、それを正当化するため、孔子を改革者と位置づけた。これ自体、未曽有の構想である。しかもそれをひろめる方法にも、従来の政治活動とはきわだった違いがあった。

かれは「変法」を宣伝するため、各地に「強学会」「保国会」などの団体を発足させ、『強学報』や『時務報』といった機関紙を発行した。多数の下級官僚と知識人一般を直接のターゲットにした政治結社・ジャーナリズムの組織であり、李鴻章ら少数の地方大官がとりくんだ従前の改革事業とは、その点で異なっている。そうした活動に尽力したのが、高弟の梁啓超(りょうけいちょう)だった。

運動は次第に高まりをみせてきた。これには「三国干渉」以来、ロシアに傾倒した清朝政府の対外政策が失敗し、「瓜分」の危機感が募ってきたことが大きく影響している。ロシアに敵対する日本への接近が期待され、日本モデルの「変法」も一定の共感者を獲るようになってきた。

維　新

一八九八年に入ると、康有為はたびかさなる上書が実を結び、中央の高官の前でその主張を述べる機会を得た。もちろんこれには、前年より激化しつつあった「瓜分」に対する危機感も、大いにあずかって力がある。これ以後、政府内部にかれの主張がひろまって、一八九八年六月一一日、いわゆる「国是の詔」が下った。正式に「変法」を開始させた光緒帝の号令である。この年の干支が戊戌なので、「戊戌変法」といいならわす。

康有為を信任してイニシアチブをとったのは、どうやら光緒帝じしんである。かれは「国是の詔」を発したのち、およそ九月の中旬まで、康有為の「変法」構想の具体案を実施に移すよう、矢継ぎ早に勅命を下した。「督撫重権」に非ざる中央の主導という点で、日清戦争以来の継続とみることができる。

「変法」は明治日本をモデルとする改革だから、おおまかにいえば、それまでの体制を西洋流の近代国家につくりかえることになる。その個別の改革プランはもとより多岐にわたり、以前から実施されてきた殖産興業や軍隊刷新もあるものの、いっそう主要な眼目をあげれば、人材養成と行政機構の再編ということになろうか。

前者は従来の科挙を改廃して、新しい学校制度を設立するにある。さきにふれた北洋武備学堂のように、当時は「学堂」と称した西洋式の学校を体系的につくる計画で、その着手として北京に京師大学堂を建てた。これがのちの北京大学となるのは、よく知られたところだろう。いまの日本でも、受験や就職の制度が少し変わるだけで大騒ぎ、中国のような巨大な社会の、しかも千年以上の伝統がある科挙には、積年の利害が骨がらみだから、これは文字どおり大改革であった。

後者は「冗官（じょうかん）」つまり職務が重複していたり、実務の存在しないムダなポストを撤廃する計画を基軸としていた。従来の中央・地方の主だった官庁・官職は、これで廃止を免れなくなる。行政改革というのは、いかに支持者が多くとも、既得権の関わるところ、おいそれとすすむものではない。これも古今東西かわらず、現代の日本でもうまくいかないのは常識に属する。

ともかく「変法」のプランは、一つ一つが巨大な事業であって、中央でも地方でも、あいつぐ勅命の連発に困惑を隠しきれなかった。実施を命ぜられた現場では、一種のパニックに陥らざるをえないところもあり、それはまもなく「変法」に対する反撥と化してゆく。

3　政　変

接　触

かくて「戊戌変法」の急激な改革が、必ずしも歓迎されたわけではない。光緒帝の勅命に公然と反撥、違背はしなくとも、積極的に遵（したが）おうとはしないのが大勢で、「変法」のプランはしたがってほとんど実行をみなかった。

では、わが袁世凱の動静はいかに、というに、これがよくわからない。

かれは前後の言動からみるかぎり、改革に与する人物だったことは明らかである。「小站練兵」での軍隊西洋化は、いうまでもあるまい。日清戦争終結時、李鴻藻にあてた書翰の趣旨もそうだったし、天津に赴任する前、光緒帝に謁見をうけたときにも、その抱懐する改革案を述べていた。その意見具申によって「小站練兵」を任された、との説もあるくらいである。だから康有為の構想・運動に、かれがまったく反対だったわけではない。それどころか、自ら積極的に関わりをもとうとした。

康有為らは一八九五年一一月、北京で強学会を結成する。すでに述べた政治結社であり、集

会・議論をおこなったのみならず、翻訳・出版の事業もすすめて、改革の輿論を盛り上げようとした。

日清敗戦の直後だったこともあって、強学会を支持した人士は少なくなかった。名だたる高官も、そのなかにふくまれている。当時、北京に召喚されて「小站練兵」を拝命する袁世凱も、創立したばかりのこの結社に入会し、醵金した。その参加が形だけのものでなかったのは、かれが小站に発つさい、当の康有為が予餞会を開いた、と述べていることからもわかる。記録の日付に合わないところがあって、宴会開催の真偽はさだかではないものの、二人の関係がこの時期にはじまったことは、おそらくまちがいあるまい。

もっとも、改革に賛成だからといって、「変法」に荷担するとはかぎらない。「変法」が改革の唯一絶対の方法ではないからである。しかも袁世凱はその後、練兵に没頭するから、「変法」をめぐる政局、とくに北京中央のそれとは離れていた。その間にあったことといえば、栄禄との関係の深まりくらいである。袁世凱じしんには進退に関わる重大事件だったかもしれないが、かれの地位では、それがただちに「変法」とからんで、政府の方針をどうこうするものではありえなかった。康有為らの「変法」、さらにしぼっていえば、「国是の詔」以後の「戊戌変法」に対するかれの態度は、やはり不明瞭というほかない。

そのため強学会への加入も、「変法」・康有為に共鳴したというよりは、各方面にコネをつけヘッジしておく政治的行為の一つにすぎない、という評価もあるほどである。「変法」と袁世凱の関わりは、かれ自身の動きよりは、むしろ「変法」派のほうから働きかけてきたものだった。

依　頼

康有為なる人物を一言で表現するなら、思想家というべきだろう。しかも重厚深奥な思索者ではなく、既成理論をあてはめるタイプの知識人に属し、性格はむしろ軽薄とみたほうがよい。歴史を動かす変革思想をいだき、思い切った政治運動をおこしたのは、むしろそんな性格から、極端に走ったことによる。その一方で、思想家にありがちな独善性にあふれ、柔軟性に欠けるところもあった。いったんその思想が自身に定着してしまうと、容易に改まりもしなかったのである。しかも自己主張を正当化するため、おびただしい記録偽造をやらかしたこともあって、歴史家は少なからず欺かれてきた。

かたや、かれを登用した光緒帝も、冷静沈着という印象をまるであたえない君主である。さきにあげた性急な勅令連発からも、そのあたりをかいま見ることができようが、改革政策に関

光緒帝　　康有為

（出典）『梁啓超年譜長編』岩波書店，2004年

わる人事でも、どうやら同じ。気に入らない人は、仮借なく罷免した。「国是の詔」発布直後、久しく自分の教師にして股肱の側近だった翁同龢を、意見の対立から免職に処したのは、その好例である。これには、外国とどのように関係を保ってゆくか、という政府の基本方針も関わっており、隠然たる勢力をもつ西太后との関係もあったから、光緒帝の性格論だけで片づけるわけにはいかない。それにしても、古今東西、人事が官僚にとって最大の関心事であることに鑑みれば、もう少し慎重でありたいと思うのは、筆者だけではないだろう。

要するに、軽躁という点で好一対、相似た主従だった。中央政府の比重が高まってきたところに棹さして、有無を言わさず「変法」を一挙に推進してしまおうとしたわけである。

首都の北京も地方の現場も、たとえ改革に賛成でも、そんな動きには冷ややかだった。「戊戌変法」のプランは、いわばサボタージュをもって迎えられ、一向はかが行かない。光緒帝・康有為の主従は短気なだけに、いらだちがつのってくる。「変法」派はそこで、反対の態度が目につく官僚を弾劾した。そうなると、反対派も黙ってはいない。応酬して康有為を非難する弾劾上奏も提出され、ついに党派対立の局面が露わになる。

いよいよ焦燥感・危機感を強めた主従は、「変法」断行を決意し、さらに手を打った。反対派の排除である。一八九八年八月二六日、地方大官の怠慢を厳しく叱責する勅命がくだった。ついで九月四日、自派の意見上申を妨げたとして、礼部の首脳を全員やめさせる事件がおこり、これを「六堂官」の罷免という。いまの日本なら、さしづめ文部科学省の大臣・次官をまとめてクビにするようなものだった。

さらにその三日後、北京で外相格の大臣をつとめていた老臣・李鴻章の職を免じた。そのねらいはよくわからない。かれはロシアとの提携を主導し、旅順・大連の租借で裏切られる事態を招いた張本人だったから、皇帝や康有為、「変法」派が忌み嫌っていたことは、十分に考えられる。また現実の対外政策でも、日本との連携を模索していたから、対立関係にあるロシアに近いかれの排除が必要だったのかもしれない。あるいはあとに述べる外国人登用策で、かれ

に掣肘されることを恐れた可能性もある。いずれにしても、「礼部六堂官」につづく大物官僚の罷免は、政界に大きな衝撃をあたえ、さらに先行きを危ぶませるものとなった。

反対派を排除したら、次は自派の強化である。「礼部六堂官」罷免の翌日、九月五日、光緒帝は側近の秘書官・相談役として、譚嗣同ら康有為一派の少壮官僚四人を登用した。実質上の「宰相」任命であり、破格の抜擢だといわれる。

こうしたなか、いよいよ袁世凱が登場する。九月一一日、罷免になった礼部の次官を代行していた徐致靖という官僚が、袁世凱を推挙して、「破格の抜擢」をもとめた。光緒帝はこれをうけて即日、かれに天津から北京にのぼり、謁見するよう命じる。

徐致靖はもちろん康有為派で、この推挙上奏も康有為本人の手になる。緊迫の度をくわえる情勢のなか、かれが最も懸念したのは、自派に軍事力がないことで、そこで強学会に参加していた同年代の袁世凱の存在を思い出した、という次第。門弟の徐仁禄を小站に派遣し、袁世凱とのつながりを深めておき、この事前工作をへてから、公式の推挙に及んだ。徐仁禄は徐致靖の息子である。

袁世凱を抱き込もうとしたねらいは、機先を制して反対派を武力で圧倒してしまうにあった。具体的な戦術として、「垂簾聴政」から退いた西太后の住む頤和園を包囲攻撃しようとの密謀

まで企てられる。事態は急を告げつつあった。

上　京

「国是の詔」発布のころまで、話はさかのぼる。発布から四日後の六月一五日、翁同龢を罷免したのにともない、直隷総督の王文韶(おうぶんしょう)を北京によびよせてその後任にすえると、空席になった直隷総督は、栄禄が代理し、天津に赴任した。

これはすでに軍隊再編の任にあたっていた栄禄に、実地の指揮権を与えたことを意味する。小站で新軍の調練をつづける袁世凱も、もちろんその配下に属した。

この配置換えはもとより、西太后の意に出たものだろう。かつては、西太后とその一派がこのころから「変法」をつぶすつもりで、着々と布石を打っており、この人事もその一環だとみなされてきた。しかし少なくともこの時点では、「変法」がはじまることで混乱がおこるのを防ぐねらいから、いっそう帝室の信頼のおける人物に軍をあずけた、というくらいの意味でしかあるまい。

袁世凱の立場からすれば、以前から関係を深めていた栄禄が、直属の上司となったのは、むしろ歓迎事である。栄禄も部下・袁世凱の仕事を評価し、徐致靖の推挙に五日先だって、称揚

する上奏をしたばかりだった。袁世凱に上京を命じる電報が天津にとどいても、違和感はなかっただろう。

だから康有為が袁世凱を抱き込むのは、かなりの無理があったといわねばならない。袁世凱にとっては、栄禄のほうが康有為よりはるかに親密だった。徐仁禄がいかに工作を施していたにせよ、その効果は知れたものだったろう。

袁世凱が入京、謁見したのは、九月一六日。そこで「練兵事務」に専念するため、直隷按察使の任を解き「侍郎候補」をあたえられた。中央省庁の次官待遇ということだから、異例の昇進である。

もっともこの辞令をみるだけでは、含意はわかりづらい。五日前の徐致靖つまり康有為の推挙では、袁世凱は「按察使にすぎず、総督の下にいて、地位は低く権限も軽い」ので、

督撫のポストをあたえるか、中央官僚に任命するかして、独自の指揮権をもたせ、首都に近い地域を鎮定できるようになさってはいかがでしょう。

とあった。これは宛然かれを栄禄と同格にするにひとしく、まさしくその武力を光緒帝と自派

梁啓超（前列左端）**と譚嗣同**（右端）
（出典）『梁啓超年譜長編』岩波書店，2004年

に引き込もうとの意味である。しかし辞令には、さすがにそこまで直截には述べていないし、異例の厚遇に恐縮した袁世凱も、そんな裏面を悟ったようには思えない。

しかし身辺は、にわかにあわただしくなる。二日後の一八日、上司の栄禄から天津に帰還するよう命じる電報がとどき、急いで北京を離れる準備をはじめると、その夜、東城区の報房胡同（ほうぼうフートン）にある宿舎の法華寺に訪ねてきた青年がいた。袁世凱昇進の十日ほど前に、やはり異例の「宰相」抜擢をうけた譚嗣同である。「突如」の訪問であった。

譚嗣同は奥に通されると、おもむろに切り出した。

「破格の恩遇には、きっとお応えになれるはず。皇上はいま大難に遭われており、公でなくてはお救いできません」

「もとより肝脳地に塗れましても、天恩に報いる所存。しかし大難とはいづこに」

「栄禄が皇上の廃立弑逆を謀っております。ご存じないのですか」

「天津でいつもお会いしますが、忠義一途のお方、そんなことをお考えとはとうてい信じられません。きっと謡言です」

「公は磊落した御仁、かれの狡猾譎詐はお気づきでないらしい。公に親好なのは外面だけ、心中は猜忌ばかりです。長年のご辛苦、敬服に値しますのに、やっと去年わずかな昇進をなさっただけ、実は栄禄が抑えているのです。康有為先生が以前、皇上の前で公を推挙なさったことがあります。皇上は〈慈聖(西太后)に聞いてみたら、栄禄がしばしば〝袁世凱は驕慢で役にたたぬ〟といっておる、との由なのだ〉と仰せ、わたしも皇上に何度も厚遇をお願いしましたが、いつも栄禄に阻まれておりまして、今回のご昇進は、それはもうたいへんだったのです。ほんとうに皇上をお救いになる気持ちがおありなら、ぜひご相談したい策があります」

そこで取り出したのは、一枚の書き付け。

栄禄の廃立弑逆は大逆不道、速やかにかれを除かねば、皇上の位はおろか、命さえ危うい。袁世凱は二〇日に請訓（せいくん）し、御前にて硃諭をいただき、天津に赴け。栄禄に会って硃諭（しゅゆ）を宣読し、即刻処刑せよ。時を移さず直隷総督を代行し、栄禄の大逆の罪状を布告したうえで、迅速に軍をひきいて入京し、半数で頤和園を囲み、半数で宮廷を守れば、大事は成ろう。わが策に聴（したが）わねば、皇上の死は目前である。

読んで袁世凱は取り乱さんばかり、思わず声を荒げた。

「頤和園を囲んで何とする」
「この老朽を除かねば、国は保てません。わたしがやります。お手は煩わせません」
「皇太后は政を執られて三十余年、何度も大難をお鎮めになり、深く人心を得ておられる。部下にいつも、忠義であれ、と訓戒するのに謀反を命じるなど、以てのほか」
「お願いしたいのはただ二つ、栄禄の誅殺と頤和園の包囲のみ。拒めばどうなるかおわか

りですね。お命はわが手の中。もちろんわが命も公しだい、今晩の決断が必須、ただちに参内して勅命をお願いする所存です」

密告

以上の密談は、袁世凱の日記から引いている。自己辯護に失する、として長らく顧みられなかったものだが、康有為の側の史料偽作が明らかになるにつれ、近年その信憑性がみなおされてきた。頤和園包囲のクーデタ計画も、その実在は定説になりつつある。袁世凱はそれに応諾を与えることなく、あいまいな返答で譚嗣同を帰らせた。

やりとりにもあるように、袁世凱は九月二〇日に参内し、請訓した。康有為らはこのときいわゆる「硃諭」、つまり光緒帝直筆の「密詔」がくだされた、と記すけれども、袁世凱がいうように、それはなかっただろうし、栄禄処断の意向も示されなかった。そしてこのあとすぐ、袁世凱は正午近く発の汽車に乗り、天津にもどって、上司の栄禄に一切を報告する。

前日の一九日、西太后がにわかに頤和園から紫禁城にもどってきた。そこで袁世凱が西太后に密告し、二一日、政変がおこった、というのが、「変法」派が広めた史料にもとづく従来の解釈(ストーリー)、つまりかれがいったんは「変法」派につき、協力を約束しておきながら、寝返った、

というわけである。しかし情勢からみて、それは康有為らの期待過剰というものだろう。あるいは、失敗の責任を袁世凱に転嫁するための曲筆なのかもしれない。それが「大いに事実を枉げている」として、袁世凱は先の日記を公にしたのである。

そもそもなぜ西太后が急遽、紫禁城にもどって光緒帝から権力をとりあげたのか、がよくわからない。時間的に袁世凱が密告するのは不可能ではないけれども、二一日の政変から、「変法」派に対する弾圧、処断までには、少しインターバルがある。

六月にはじまった「戊戌変法」全般に対する西太后の態度は、じつはさほど明確ではない。少なくとも公然たる難色を示したことはなかった。すでに反対派からかなりの陳情がよせられてきたはずだが、九月になってようやく、「礼部六堂官」の罷免に対し、「やりすぎ」だと所感をもらしたくらいである。

しかし「変法」派はそれに反して、むしろ反対派の排除・自派の強化をエスカレートさせた。この時期に取り沙汰されたのは、北京訪問中の伊藤博文を君側に置いて顧問とするという案であり、袁世凱が請訓し、天津にもどった同じ二〇日、伊藤は光緒帝に謁見している。外国人を宮廷深く、政権の中枢に入れる、ということにアレルギー反応をおこした官僚は少なくない。西太后もその一人、さすがに常軌を逸しているとみて、光緒帝から権力をとりあげる決断にい

たったのだろう。

袁世凱も大多数ふつうの官僚と同じように、とてもついていけずに困惑した、というのが実情ではなかろうか。ただかれの場合、軍隊を掌握していたために、武力行使の局面で関わったところが、余人ときわだって異なるところだった。端的にいえば、栄禄・西太后と康有為・光緒帝とのはざまで、キャスティング・ボードを握る立場に否応なくたたされ、決断は当然、前者に与するものだったにすぎまい。

袁世凱から報告を受けた栄禄は、九月二五日に北京から召喚命令を受け、いそぎ上京、西太后に謁見した。それまでに嫌疑ある人々の身柄拘束をすすめていた西太后は、栄禄から密謀の確証を得たのであろう、以後の経過は、よく知られたとおり。光緒帝は宮中に幽閉、「変法」派の多くは処罰された。譚嗣同は処刑、いちはやく逃れた康有為・梁啓超らは、日本に亡命する。「戊戌変法」は「百日維新」と化して、ほぼ白紙にもどった。

それにしても、袁世凱という男は、歴史の転換に居合わせる巡り合わせにあるらしい。日清の開戦しかり、戊戌の政変しかり。必ずしも自身が主導的に企んだものではないはずなのに、そこには必ずかれがいる。

それはやはり、偶然ではあるまい。かれがめざし、従事する外交・軍事が、時代の枢要にあ

ったことの証、まなざしもリアリストのそれに撤していた。戦争も政変も、謀略・密告といってしまえば、悪評汚名にほかならない。しかしそれは逆に、若きかれの機略を物語ってもいる。戊戌は不惑の年、ここから飛躍がはじまるのである。

第三章　北洋

20世紀初頭の天津フランス租界

1 義和団事変

排外への旋回

戊戌の政変で、光緒帝は権力を失い、西太后を頂点とする体制が復活した。のみならず、実施されはじめた「変法」は、ほぼ白紙にもどった。北京にみなぎっていた改革の空気は、弾圧をへて急速に減退する。

程度の差こそあれ、当時なにがしかの改革が必要だという認識は、多くの官僚・人士が共有したところだったはずである。そうであればこそ、本心は明らかではないながら、西太后も光緒帝主導の「変法」の進展を見守る姿勢をつづけていた。その意味で、「戊戌変法」における康有為派の性急な手法は、かえって改革をはばむ結果となったのであって、中国の変革にとっては、惜しみてもあまりある。

もっともそうしたみかたは、どうも一般的になっていない。守旧派が「変法」派の改革を一方的に圧殺した、とみるのが常である。

ひとつには、当時から康有為派がジャーナリズムを利用し、猛烈な宣伝活動を続けていたからである。自己の弁護、正当化のためには、文書や勅命の偽造改竄（かいざん）まで辞さなかった。しかもそれがそのまま、当時をうかがう史料にもなったために、かれらを中心に歴史をみる習性が、こちらに抜きがたくついてしまっている。

そんなわれわれはまた、変革・「変法」を正当・正統とする観点に慣れてしまって、それを疑わない。変革の潮流を妨げた以上、無条件に悪役なのであって、当時の事情に思いをめぐらせることがなかなかできないのである。しかもわれわれは外国人であり、自らの観点や政体を当然だと思うがゆえに、それに反する行動をとった西太后の側に、どうしても批判の目を向けがちになってしまう。

それは現代ばかりではない。当時の外国もまた同じである。列強は自らの政体に近い、より好ましい交際相手を生みだすものとして、「変法」の動きを評価していたため、政変には大いに失望し、光緒帝と「変法」派に同情を隠さなかった。康有為らの亡命・助命に手を貸したのも、その一例である。

現代も当時もしょせんは外国、中国の内政には無責任な立場であり、また理解も十分ではなかった。それがいっそうの悲劇を生み出す契機をなしてゆく。

かたや、当時の中国政治に責任をとらねばならない立場の人々が、当時の事態・局面を十分にわかっていたかといえば、それも疑わしい。康有為らを逐い、光緒帝の権力をとりあげれば、すべて解決すると考えていたなら、それは大きな誤りだった。

「垂簾聴政」を完全に復活させ、もとどおりにするためには、光緒帝の幽閉だけでは十分でない。その実体がある以上は、皇帝に制度上そなわる権力が、いつ回復するかわからないからである。そのため、実権を奪った光緒帝の廃位をも、画策せねばならなかった。

しかしそれが案に違って実現しない。まず帝が重病に陥った、との風聞を流して、内外の反応をうかがうと、列強はただちにフランス公使館付医師を診察によこして、そのデマなることを明らかにした。また地方督撫の反応もかんばしくない。そこでひとまず、即時の廃位はあきらめ、あらたに皇太子を立て、その地ならしを試みようとしたものの、この立太子にも、内外から囂々たる反対の声がおこり、けっきょく督撫と列強の働きかけで阻止される結果となった。かくて、西太后とその周辺は列強に対する反感を強め、排外の機運が高まってゆく。

ここに矛盾があった。政変は光緒帝の実権をなくすことで、「垂簾聴政」の復活をめざしたはずである。しかし以前のように、「督撫重権」との円滑な関係には立ち戻れなかった。光緒帝の廃位や立太子にみられるとおり、中央の意向に地方がしたがわないのは、「戊戌変法」か

ら変わっていない。

これは日清戦争あたりから顕著になりはじめた、現場の意見を顧慮しない中央政府の体質によるものだった。それを「変法」実行に利用するため、ことさら皇帝主導のトップダウン方式にしたてあげたのが、光緒帝・康有為の主従である。そうした体質がついてしまった以上、無条件でそれが消滅することはかなわなかった。

そうした観点から、戊戌の政変とは何か、と問われれば、光緒帝・「変法」派の側がやろうとしていた権力集中を、そのまま西太后・反対派が引き継いだにすぎない、といえる。極論すれば、そのめざす先に改革があったかどうか、が時と場合により、異なっていただけである。そして実情に沿うか否かにかかわらず、改革をめざしたら列強は好意的で、そうでない場合、露骨に嫌悪した。政変後の北京が、排外に一変するゆえんである。

教案から義和団へ

列強に対して反感をつのらせたのは、北京朝廷だけではない。中国社会そのものが、一九世紀なかばの西洋に対する開港以来、一貫して排外的な行動をつづけてきた。その一典型が、いわゆる「教案（きょうあん）」である。

教案とは「仇教案（きゅうきょうあん）」の略称、キリスト教の教会や信者・宣教師たちへの襲撃・迫害事件のことである。すでに述べたとおり、一九世紀の治安悪化は、「軍事化」した秘密結社と地域社会の相剋によっており、それが太平天国など、大規模な内乱にまで発展したこともあった。地域社会のリーダー・科挙合格者の紳士らは体制教学の儒教を奉じ、反体制の秘密結社は儒教以外の邪教でむすびついていたから、それぞれを信奉する集団どうしのあいだに軋轢が生じ、衝突する。こう考えると、宣教師と信者からなるキリスト教集団の場合も、原理は同じであって、教案は異なるイデオロギー・行動様式をもった集団が、キリスト教団を敵視し、武力攻撃をくわえる、というものだった。だからキリスト教団と利害が対立しさえすれば、攻撃する集団は、儒教的な地域社会でもありうるし、邪教的な秘密結社でもありうる。

教案が頻発するにおよんで、清朝は深刻なディレンマに陥った。とりわけ儒教集団が、その教義たる「攘夷」をとなえて、事件をひきおこした場合にである。太平天国をほろぼし、清朝を守ったのは、紳士が指導する地域社会の義勇軍・武装集団である。清朝じしんの利害でいうなら、かれらにこそ荷担しなくてはならない。さもなくば、自らの支持勢力を敵に回す。

ところが、清朝政府は西洋列強と条約をむすんで、キリスト教を保護する責任を負わされていた。好むと好まざるとにかかわらず、キリスト教徒を守らなくてはならない。さもなくば、

外患をまねくおそれがある。

こうしたディレンマが、教案を頻発させ、しかもいっこう終息せしめなかった原因である。体制・反体制、各種の集団が混在する民間社会では、紛擾(ふんじょう)はつねに潜在しており、当局の政策や姿勢に少なからず応じるかたちで顕在化した。清朝政府が対外的な配慮と対内的なそれとのあいだで、たえず動揺していたからである。

そんな集団のひとつに、義和拳があった。拳法・武術・土俗宗教を結束の紐帯としていて、その細かい内容は学問的に諸説あるものの、ともかく秘密結社の一種と考えてさしつかえない。当局は「拳匪(けんぴ)」とよび、英語ではBoxerと称する。

義和拳は日清戦争後、山東省で勢力を伸ばし、排外の気運を高めた。これは同省を管轄する山東巡撫の李秉衡(りへいこう)が、その活動を黙許奨励していたことによる。ドイツが膠州湾を占領する口実にした宣教師の殺害は、そんな背景から起こった事件である。李秉衡はまもなく外圧で罷免されたものの、それだけで山東の排外そのものが収まるはずもなかった。

政変後の一八九九年三月、山東巡撫に就任したのは、毓賢(いくけん)という人物である。かれは以前から李秉衡と親しく、山東省の地方官をつとめた経験もあって、そのためか、李秉衡に勝るとも劣らぬくらい、義和拳・排外に同情的・迎合的だった。

毓賢は着任早々、義和拳を団練として公認する。団練とは当局が認可した武装集団の謂であり、本質は秘密結社と変わるところはない。したがって秘密結社の義和拳が、団練の「義和団」に転化するのも、ごく容易におこなわれた。もはや反体制の地下組織ではない。「扶清滅洋（清朝をたすけて西洋をほろぼす）」のスローガンをかかげる公認の一大勢力となった。もちろんその活動は活潑化し、列強の反感も増大してゆく。

中央の変質

戊戌の政変を決定づけたのは、栄禄の入京である。軍隊を掌握するかれを西太后が首都に動員したことで、「変法」の没落は、確実なものになった。逆に「変法」派が権力を固めるには、その軍権を奪取しなくてはならず、そのために袁世凱を抱き込もうとしたわけである。その結末はすでに述べたとおり。してみれば、袁世凱の進退は、その密告の有無にかかわらず、政変と以後の権力構造変動の発端をなしたこと、まちがいない。

栄禄はかねてその麾下の武毅軍を蘆台から天津に、甘軍を北京の近くに移しておいた。武毅軍とは聶士成ひきいる部隊で、新式の軍隊もふくみ、甘軍は董福祥ひきいる旧式の軍隊である。「変法」をめぐる対立が尖鋭化してゆくなか、不測の事態にそなえた部隊の移駐ではあった。

それが後々、重要な意味をもつことになる。「戊戌変法」をつぶす政変に寄与したのみにはとどまらない。

政変の後、栄禄は西太后の側近にそなわりながら、なお軍権を掌握しつづける。武毅軍・甘軍、そして袁世凱の新軍などを合併再編して、武衛軍（ぶえいぐん）を創設した。直隷のほかの部隊とあわせて、およそ十万の軍が栄禄の麾下に入る計算になる。かくて武力もそなえた西太后の政権は、「戊戌変法」時の光緒帝主従より、はるかに大きな実力をもった。

というより、清朝中央がこれで地方各省とほぼ同じ性格の権力体になったというべきだろうか。それまで地方各省は、軍事力をもつがゆえに現地の治安維持をはじめ、実地の問題に対処すべく政策を立案、遂行してきた。内政外交いずれもそうである。

かつて淮軍をひきい直隷総督に任じた李鴻章は、首都に近い天津に駐在し、また同時に先進地域の江南もおさえていたから、かれが清朝全体の政治を切り盛りしていたようにみえる。けれども制度上は、あくまで一地方官にすぎない。むしろ全土に影響をおよぼす地方官の施策を、西太后・中央がおおむねオーソライズし、李鴻章に多方面で手腕をふるわせていたことが重要なのである。

しかしこのたびは、地方ではなく北京が独自の軍事力をもった。中央政府はもちろん、独自

の政策方針をもちうる。「戊戌変法」がすでにそうであり、その典型といってよい。しかし武力の裏づけのなかったそれは、実行力がともなわなかった。このたびの西太后政権は、ようやく軍事力・実行力を獲得したのである。そんなかれらの方針とは何か。それが「排外」だった。

袁世凱の弾圧

栄禄が九月二五日に上京、西太后に謁見するさい、袁世凱は不在の直隷総督の代行として、天津の後事を託された。栄禄がそのまま宰相格の大臣になったので、直隷総督はかれに代わって、西太后の側近・裕禄(ゆうろく)が任命され、一〇月五日に着任し、総督代行の任務をおえた袁世凱は、小站にもどった。かれ自身からみると、これで従前の平時にもどった観があるが、話はそれで終わらない。

そのおよそ二ヵ月後の一二月六日、袁世凱は北京に姿をみせた。翌日に参内、さらにその翌日、西苑(せいえん)での騎馬を賜るという栄典に浴する。あからさまな優待であり、おそらくは政変でのかれの行動に対する西太后政権なりの謝意、あるいは論功行賞というべきなのだろう。それはしたがって、こうした典礼だけにとどまらなかった。

翌一八九九年春、三年間の新軍調練の成果が多大だったとして、栄禄の推挙をうけ、六月の

半ば、工部右侍郎に昇進した。そのおよそ半年後、一二月のはじめには、山東巡撫の代行に任ぜられる。

この任命はすなわち、毓賢の後任にあたる。さきに登場した毓賢は、義和団に荷担し、排外・教案を煽ったということで、西洋列強は囂々たる非難を浴びせ、罷免を要求していた。そこで中央政府はかれをひとまず北京に召喚し、空いた巡撫のポストを袁世凱で埋めた、というわけである。

もっとも、中央の心づもりはよくわからない。少なくともそれを示してくれるような史料はみあたらないから、想像をたくましくするほかないけれど、おそらくは微妙だったろう。外国の批判はかわさなくてはならない。けれども朝廷の本音は、毓賢の方針に共鳴するところがあったとみてよいだろう。

栄禄との関係がふかい軍人あがりの袁世凱を後任に配したのは、そんなバランスをとろうとした人事だったにちがいない。北京の微妙な意向を体した適切な対処を、かれに望んでいたはずである。それなら拝命した袁世凱じしんは、どのような意向を有していたのか。

一八九九年も押し迫ったころ、山東省の首府・済南に到着、着任したかれは、さっそく上奏して、その政見を述べている。

内の匪賊を一掃して民生を安んじ、外との交際を重視して友好を深める。

とはその一節であり、また以下は、任地で出した布告。

キリスト教の伝教は、政府が許可したもので、保護する責任があるので、みだりに猜疑してはならない。

微妙な立場に立たされた場合、このように旗幟(きし)をむしろ鮮明にするのが、かれのやり方である。朝鮮のときもそうだった。まだ四十代になったばかり、若さのあらわれなのかもしれない。

あからさまに義和団とはいわないながら、かれは外国との関係を重視し、匪賊を討伐して、キリスト教を保護すると宣言した。条約を結んで、その規定がある以上、北京政府も阻むわけにはいかない。せいぜい「やりすぎるな」と口にするくらい、これも朝鮮時代とかわらなかった。もっともこの時、現実にどこまで義和団を弾圧したか、必ずしも明らかではない。

袁世凱は翌年三月、正式に山東巡撫の任を拝命した。小站で磨き上げた麾下の新軍の帯同も、

まもなく許されている。新軍は制度上、すでに武衛右軍と改称され、栄禄の指揮下にあったから、この措置は栄禄の意に出たものだろうが、その意図はよくわからない。その上奏に記すとおり、山東の治安維持が目的であることはまちがいないだろう。とはいえ、かれ自身が属する北京政府の政治方針、附近の軍事情勢などをどのように考え、判断した結果、そうするにいたったのかは、なおはかりがたい。袁世凱の軍権が相対的に重くなりすぎる、との批判的意見もでているのである。

いずれにしても、袁世凱の方針と実力ははっきりしている。匪賊一掃方針の明示と少数ながら最強の精鋭部隊の存在が、次の転機をもたらした。義和団は山東から続々と移動、北上したのである。その主要な活動の舞台は、直隷に転じた。

義和団と北京政府

義和団が向かった直隷省を管轄する総督は、西太后の側近・裕禄である。この事態にかれも躊躇はまぬかれなかったと思しい。しかしその態度、少なくとも周囲からの見え方は、隣省の袁世凱とかなり異なっていた。ある書物には「裕禄は取締もしないばかりか、匪賊の頭目をまねいて引見し、賓客のように厚遇した」とある。いわゆる「匪賊」とは義和団のこと、その活

動はこうしたなか、直隷一帯にひろまった。キリスト教徒に対する襲撃・殺傷はもとより、教会・線路・駅舎・電柱など、あらゆる西洋伝来のものを破壊しつくす勢いとなってゆく。

その節目として、五月下旬に起こった一事件がある。義和団が淶水県で暴動をおこして、清朝の軍隊と衝突し、その司令官を殺傷した。勢力を増して三万になった義和団は、建設中の鉄道を破壊し、涿州城を占領する。さすがに北京政府もこれには狼狽し、現地一帯の視察をするため、六月はじめ、宰相格の剛毅らを派遣した。

剛毅は満洲人、やはり西太后の側近である。日清戦争で主戦論をとなえたことで一躍脚光をあびた人物だが、そのスタンスはあくまで北京・中央本位。満洲人至上主義とさえみえる言動も多く伝わっている。「変法」に与した光緒帝の廃位を主張し、したがって排外でも当代の第一人者、政変後の中央政府を象徴する政治家だといってよい。このたびの事件でも、視察派遣を自ら志願したという。もちろんはじめは暴徒を説得し解散させ、事件を落着させるつもりだった。ところがその派遣は、あらぬ方向へむかうきっかけになる。

すでに義和団は五月末には、北京周辺の鉄道・駅舎・電信線などを破壊し、これに脅威をおぼえた列強の公使団は五月二八日、外国公使館を護衛する軍隊の派遣を決定、清朝政府の制止もかまわず、天津から海兵隊を上陸させて、公使館区域の東交民巷に入れた。その数、前後合

わせておよそ四百五十。外国兵の入京は清朝の体面にかかわり、義和団の反撥をまねく。

剛毅らが涿州を占拠する義和団と会談したのは、六月八日。かれは義和団を「義兵」と称揚して、その活動を鼓舞した。かたや北京周辺で破壊活動をしていた義和団の動きは、いっそうエスカレートする。外国兵との衝突も多発し、列強側はもはや自国民の保護という域をこえて、義和団とみるや無差別に殺傷した。これに反撥した近辺の民衆は義和団に荷担して、その勢力はいよいよふくれあがる。騒擾は終息するどころか、悪化するばかり。

そのなかで、北京城の守りにあたっていた董福祥の甘軍は一一日、単身で馬車に乗って外出した日本公使館の書記生杉山彬を見とがめ、殺害した。北京政府はかくて、義和団と列強の間で、両端を持していられない立場になってくる。

宣戦布告とその結末

一九〇〇年六月一六日。義和団を語るに欠かせない一日である。紫禁城で御前会議がこの日から、四日間つづけて開かれた。一六日午後四時、儀鑾殿（ぎらんでん）東室に集まった百官は、合計七十一名。西太后が会議を主導した。光緒帝はじめ、義和団を「乱民」だと非難する向きに対し、彼女が語ったことばは、あまりにも有名である。

「法術はたしかに恃みにならないかもしれない。しかし人心も恃むに足らないのか。今日、中国は衰弱きわまり、もはや人心しかよりどころがない。人心まで失ってしまったら、どうやって立国してゆけばよいのか」

「法術」とは義和拳・義和団がとなえる呪術・魔法のたぐい、さすがに西太后も、そんなものに期待はしていなかった。ただ注目に値するのは、「人心」と「立国」の関係であって、列強の脅威・横暴に直面した「国」をささえるのは、もはや義和団らの、清朝を支持する「人心」しかない、だからその「人心」の方向にさからえない、という論法である。

もっとも「人心」にせよ「立国」にせよ、その視野にはほとんど北京周辺しか入っていないことは見のがせない。それこそ、当時の中央政府の位置だった。

会議は紛糾し、なお数日つづいた。列強と衝突したさいの武力格差や当然予期される破局などをうったえる、いわば正論の声がなかったわけではない。しかしそれをあえてとなえた袁昶(えんちょう)や許景澄(きょけいちょう)ら、海外経験のある中央官僚たちは処刑、排除された。六月二〇日、ドイツ公使ケテラーが射殺されるに至っては、もはやあともどりはできない。北京政府はついに翌二一日、列

強に宣戦する。義和団も董福祥の甘軍と連合して、東交民巷の外国公使館を包囲攻撃した。このとき公使館に立て籠もったのは、外国人、キリスト教徒あわせて約四千名。戦死した外国人は七十五名だった。

いかなる理由があれ「文明国」なら、一国を代表する外交官を襲撃、殺害する、外国の在外公館に危害を加えるなど、あってはならない暴挙・蛮行である。いかにそれまでに中国を虐げ、圧迫していたかは問わない。それが列強の論理である。八ヵ国連合軍の侵攻は必至だった。

結末も案の定。二万の連合軍が上陸し、聶士成の武毅軍をやぶって天津を占領、八月一四日、北京に入り、攻撃を受けてきた外国人を救出する。翌一五日、西太后・光緒帝らは北京を脱出、西安に蒙塵した。列強は以後「国際公法・人道主義・文明に対する犯罪」という烙印を清朝・中国に押し、「黄禍論（こうかろん）」をとなえて、容赦ない「懲罰」をくりひろげる。

この悲劇は翌一九〇一年九月七日、北京議定書の調印でようやく一段落をむかえた。当時の人口一人あたり銀一両、総額四億五千万両という天文学的な額の賠償金、北京周辺の指定区域における列強の駐兵権をふくむ、「懲罰」的なとりきめである。中国の従属的な国際的地位は、ここに確定した。

い。

2 総督

「東南互保」

一国を代表する政府が別の国に宣戦布告したら、全国こぞってそれにあたる、少なくともそのように思うのが、われわれの常識である。しかし当時の清朝中国は、そんな常識ではかれない。

義和団のさい中央政府は、北京周辺しか見えていなかった。地方現場を顧慮しないこと、遅くとも「戊戌変法」の時期からそうである。義和団事変はその帰結だといってよい。では、地方の督撫はそれに対し、どうしたか。

北京政府の主流をしめた排外派が、おこなおうとしていた対外戦争がいかに無謀だったか、渦中にいてはわかりにくいし、わかったとしても声はあげにくい。それには、死を賭した勇気が必要で、実際に命を失った者もいた。そんな事情はかえって、局外であればよくみえるし、また行動もしやすい。

そこで活躍したのは、上海にいた盛宣懐(せいせんかい)である。かれはもともと、李鴻章の幕僚の一人、主

として実業畑で手腕を発揮し、多くの近代企業を経営した。このとき上海電報局の支配人で、経済面ながら「洋務」を代表した人物といえる。

かれは内外の情報に最も通じた立場にあったから、義和団が直隷に入り、騒擾が劇化していったさい、北方の動向に強い危機感をおぼえた。そこで、長江筋の両江総督劉坤一・湖広総督張之洞(ちょうしどう)をはじめとする、南方の各省督撫と連絡をとって、独自に外国側と和解に達する、という画策をすすめる。六月二七日、正式に列強の上海駐在領事と相互不可侵で合意にいたった。これを「東南互保(とうなんごほ)」という。

かくて地方の側も、もはや自らのところしか目を向けなくなっていた。北京をすてて、顧みることはなかったのである。北京政府が各国に宣戦すると、結果として中国全体では、北京・天津方面で列強と交戦しながら、南方では平和的な関係を保って、その利権を尊重保護する、という二面政策をとる形になり、対外戦争は首都圏にのみ限られ、全面戦争にはならなかった。

地方官が中央政府を主権者と認めながら、その命令は聴かない、と表現すれば、矛盾きわまる行動になる。けれども前者が清末の「督撫重権」、後者が「垂簾聴政」であるなら、必ずしも奇妙な事態だとはいえない。南方の督撫たちは、義和団を支持せよという詔勅を、西太后が脅されて出した「乱命」であると称した。このあたり、西太后という存在・清末の「垂簾聴

政」のありようを雄辯に物語っている。

「垂簾聴政」における中央の役割とは、実地の政策や行政を追認、正当化するにあり、みずから政策を立案し、権力を発動し、自分の意思を具体的な措置として、現地におよぼすものではなかった。その意味で、列強への宣戦布告、それを地方各省にもおよぼす命令は、西太后がこれまで「垂簾聴政」で果たしてきた歴史的役割に、彼女じしんが背いた決断だったのである。「東南互保」もそうした意味で、当然の帰結だといってもよい。しかしその種のことは、すでに前例がある。「東南互保」は規模や重大性こそ違え、中央政府の命令を公然とサボタージュした点で、「戊戌変法」のケースとかわらない。そのくりかえしである。日清戦争で変容した「督撫重権」「垂簾聴政」の体制、そこから生じた中央・地方の矛盾の深化は、ここでも一貫していたというべきだろう。

袁世凱の位置

さてその「東南互保」、「東南」というくらいだから、長江筋の各省督撫が中心となった動きであり、華北で猖獗（しょうけつ）した義和団そのものは、かれら自身あずかり知らないことだった。しかし義和団と当初より深い関わりをもち、しかも地理的に必ずしも「東南」ではないくせに、この

動きに名をつらねた男がいる。わが袁世凱である。

袁世凱は山東巡撫、そもそも義和団がおこった地を管轄していた。義和団が直隷に移動したことで、事変・戦争に発展したことに鑑みれば、かれがその原因を作ったともいえる。そして山東は直隷から目と鼻の先であって、義和団もその所轄地域に、なお多く存在していた。かれはそこで、今度こそ徹底的な弾圧に励む。

北京陥落の前後、かれは子飼いの新軍を各地に派遣し、直接に指令を出して、外国人を保護すべく義和団の虐殺をおこなわせた。当時、中国の軍隊のうち、この行動をとった部隊のみが生き残ったのであり、袁世凱はそうした行動・武力を通じて、内外の信望をかちえてゆく。

この義和団事変の過程で、中央政府を主導していためぼしい人士は、ほとんどいなくなった。いわば戦犯として処刑された人もいれば、その前に歿した人、自害した人、あるいは生き残りながら表に出なくなった人、さまざまである。たとえば、義和団を盛んにした毓賢は、すでに山西巡撫に配置換えになっていながら処刑された。排外派の代表的な人物だった剛毅などは、列強から処刑するよう要求が出ていたけれども、すでに歿していたため、官位の剝奪のみにとどまっている。

なかでも、重鎮であった栄禄の進退が重要である。かれは軍権を掌握する立場にあって、列

強との開戦に難色を示しながらも、反対は表明せず、公使館区域の攻撃を命ぜられながら、それを抑制する動きをとったともいわれる。要するに、両端を持した態度だったわけで、そのためか、かれは処罰をまぬかれ、なお中央政府の要職にとどまった。

けれども麾下の武衛軍は、そのほとんどを列強に破砕された以上、もはや往年の勢威はなかったし、またそのことをよく自覚して、「東南互保」を主導した地方大官の意に沿うように、中央の意向を導こうとした。後述する袁世凱の抜擢も、それとおそらく無関係ではないだろう。

直隷総督・北洋大臣

さて、義和団事変を終わらせる北京議定書をまとめたのは、当年七十九歳・老臣の李鴻章である。日清戦争で敗れたのち、往年の勢威は失いながらも、なお中央の要職をしめ、「戊戌変法」で失脚、政変後は広州駐在の総督に任ぜられた。そのため義和団では、「東南互保」にも与した。これはまさしく中央の意思に背いて、地方の立場に立った行動である。

かれは再三の督促に腰をあげ、北京に入った。そのさい任ぜられたのは、直隷総督兼北洋大臣。日清戦争以前、四半世紀ものあいだ在任した、なつかしい肩書である。任務も往年と近い。勝ち誇る列強との折衝であった。

このたびは慶親王奕劻と並んで、全権に任ぜられた。慶親王が北京朝廷・中央政府を代表したとすれば、李鴻章は各省督撫の代表といった趣だろう。そうはいっても、李鴻章が交渉で何か地方の利害を代辯できたわけではない。列強との関係の修復をはかるには、ひたすらその意を迎えて、苛酷な要求でも呑まざるをえなかった。

巨額の賠償金の支払いがその典型、その負担はけっきょく地方に転嫁され、独自の財源を奪うことになってしまう。すでにはじまり、深刻さを増していた「垂簾聴政」と「督撫重権」の乖離は、これで決定的になった。中央でも地方でも極官にのぼりつめた李鴻章は、そうした機微は察していたであろう。しかしもはや、どうすることもできなかった。

北京議定書が締結されると、病に臥せた老臣は、静かに息を引き取った。もはや次の時代に、自分の居場所はないかのように。来たるべき波瀾、動乱を予期していたのかもしれない。

慶親王奕劻

かくて直隷総督兼北洋大臣のポストは、空席となった。その後を襲ったのが袁世凱である。これはやはり淮軍をひきいて天津に駐在し、首都と中国全体を守った李鴻章になぞらえての抜擢だろう。武衛軍が潰滅して、もはや

精強な軍隊は、袁世凱の新軍しか残っていない。北京の門戸たる北洋・天津を守るのは、往年の李鴻章同様、中国最強の軍隊をひきい、なおかつ外国からも信任をうける人物として、袁世凱しかいなかった。着任当時、かつての李鴻章は四十七歳、このたびの袁世凱は四十三歳。三十年を隔てて、まさしく再来というべきだろうか。

そのためか、李鴻章が遺言で後事を袁世凱に託した、という説がまことしやかに伝えられている。たとえば、こんなぐあい。

李鴻章は亡くなる前日、祐筆の于式枚（うしきばい）に遺疏を書かせ、袁世凱を推挙し直隷総督を継がせるよう口述した。曰く「天下をみわたすに、袁世凱の右に出る人材はいない」と。

そのまま史実とみるには、おもしろすぎる。盛宣懐あたりから拡散したデタラメだ、という学説があって、ここでもそれに与したい。ただデマではあれ、ひろまって信ぜられてきたのも、やはり事実である。それが意味するところは考えなくてはなるまい。

義和団事変の前後を通じて、最も重きを加えた要人は、ほかならぬ袁世凱だった。その勢力・役割がついに往年の李鴻章に匹敵した、ということになろうか。

もっとも、李鴻章が四半世紀その地位を保って、いわば国家の柱石になったように袁世凱もふるまえたかどうかは、また別の問題である。三十年のタイムラグがある以上、実情は、李鴻章の場合とはかけ離れて違っていた。

着任は大差ない年齢ながら、李鴻章のほうは、すでにほぼ地方大官の筆頭であった。ライバルの先輩・左宗棠（さそうどう）はいたけれども、声望はすでに群を抜いて圧倒的だった。それに対し、袁世凱はこの時点では、まだいわば若造にすぎない。前代から李鴻章の向こうを張ってきた長江筋の有力な督撫、湖北・湖南の張之洞や江南の劉坤一が、なお健在だったからである。

前者は科挙第三位の成績で合格したエリート中のエリート、中央官僚として頭角をあらわし、

張之洞

劉坤一

ついで地方官を歴任して治績をあげ、実地の政務にも練達したベテラン、後者はすでに述べたとおり、軍人あがりながら、やはり長く江南の総督に任じた重鎮である。外国列強も経済利権に関わる交渉をおこなうにあたっては、この二人の存在を無視できなかった。

その張之洞・劉坤一は義和団事変の終息まぎわ、清朝全体の変革を精細にとなえる、史上有名な連名上奏をおこなった。「江楚會奏(こうそかいそう)」といい、それだけで大部な書物になるほど、長大な意見書である。もちろん「東南互保」の帰結としてとらえるべき動きであり、ようやく中国全体が変革に向かって動き出した。この改革を「光緒新政」という。

厳密正確にその起点をどこに求めるかは、異論のあるところだろうが、この時点では実績十分のかれら二人が、そのリーダー格だったことにまちがいない。しかしまもなく劉坤一が歿し、なお若造だった袁世凱がにわかに張之洞と比肩し、ついには凌駕する活躍をみせるにいたった。

天津へ

袁世凱は異動になると、まずは直隷の省都、内陸の保定(ほてい)に腰を落ち着け、つれてきた二万の新軍を配置して、義和団残党の掃討戦をはじめた。もっとも、そうした措置がかれの主たる業績でもなければ、保定がかれの本拠でもない。

直隷省の中心都市は、いうまでもなく天津。モンゴル帝国のクビライが北京に都をおいたとき、外港的な位置をしめるこの地を経営したのが、そのはじまりである。以後、元・明・清三代にわたり北京が首都であった以上、もとより軍事的な要衝たるを失わなかった。もっとも、それ以上に重大な意味があったかといえば、それは疑問である。一九世紀の半ばに開港されても、たとえば上海のような貿易の発展などを見込んでいたわけではない。あくまで北京の出入口なるがゆえであった。

それが転機を迎えるのは、李鴻章が北洋大臣としてここを本拠に、海防事業をすすめ、外交活動をおこなうようになってからである。もともと附近が塩産地であることから、従来から一定の財政経済上の役割を有していたものの、それも合わせてかつてない重要さを帯びてきたのは、やはり一八七〇年代以降のことであった。はるか以前に起源がある天津は、その意味では近代都市にほかならない。同時に、より濃厚に政治都市だった。

なればこそ、しばしば大きな事件の舞台にもなっている。外交に卓越した李鴻章の役割もあって、「天津条約」と命名される条約も一つではない。かつては最大の教案もおこったし、このたびの義和団では、八ヵ国連合軍の侵攻で陥落して、その占領下に置かれた。袁世凱が着任するのは、その後のことである。

天津の占領政策は、連合軍が一九〇〇年七月三〇日に設けた都統衙門（とうがもん）なる臨時政府が遂行していた。北部区域を占領していた日本軍からは、青木宣純中佐が委員として、そこに参加している。かれはもともと日本の公使館付武官で、袁世凱が新軍を育成していたとき軍事顧問に任じ、その信頼も篤かった人物である。ここでふたたび、親しく交わることになった。

都統衙門が多岐にわたる施策で意を用いたのは、やはり治安の維持である。義和団など既存の匪賊の蠢動をおさえこむ機構を組織すると同時に、住民の財産を整理、保護し、生活を改善、円滑化して、匪賊の勢力が浸透拡大しないようにはかった。

この占領行政は一九〇二年まで、二年近く続いたのち、清朝側に施政権が返還された。それを受けたのはもちろん、天津を所轄する総督の袁世凱である。同年の五月から交渉をはじめ、七月に合意に達した。ようやくかれは、本拠たるべきところに腰を落ち着けることができた。天津が大発展をとげ、いまのような中国屈指の大都市になったのは、実にここからなのである。

3 「新政」

都市行政

八月一五日、列強から公式に天津の施政権を譲り受けた袁世凱は、それまでの都統衙門の方針をいわば忠実に続行した。義和団のあとを受け、当面の重大な関心事である治安の維持に、最も便宜だったからである。かれがはじめから企んでいたことなのか、当時の中国で最も先進的な「新政」、最先端の西洋化が、ともかく天津で実施されることになった。これを「北洋新政」と称する。

その白眉は西欧・日本に範をとって、袁世凱が天津で創設した警察組織である。漢語で「巡警（じゅんけい）」といい、きわめて先駆的な事業だった。「巡警」制度がやがて直隷全省におよぼされ、さらには一九〇五年、「巡警部」という中央官庁までできたことから、その間の事情がうかがえる。

袁世凱は天津の返還前から、「巡警」の組織にとりかかっている。着任まもない保定で「西法」にならって「警務局」と「警務学堂」を創設したこと、その中心になったのが、新たに抜擢した部下の趙秉鈞（ちょうへいきん）と日本の警視庁から招聘した三浦喜伝だったことを上奏しており、すでに試験的な事業を実施に移していた。

天津が返還された後には、白河を境として南北に分けた区画にそれぞれ巡警総局を設置、新たに人員を募集して、その規模を拡大する。あわせて北洋巡警学堂を設置するなど、教育機関

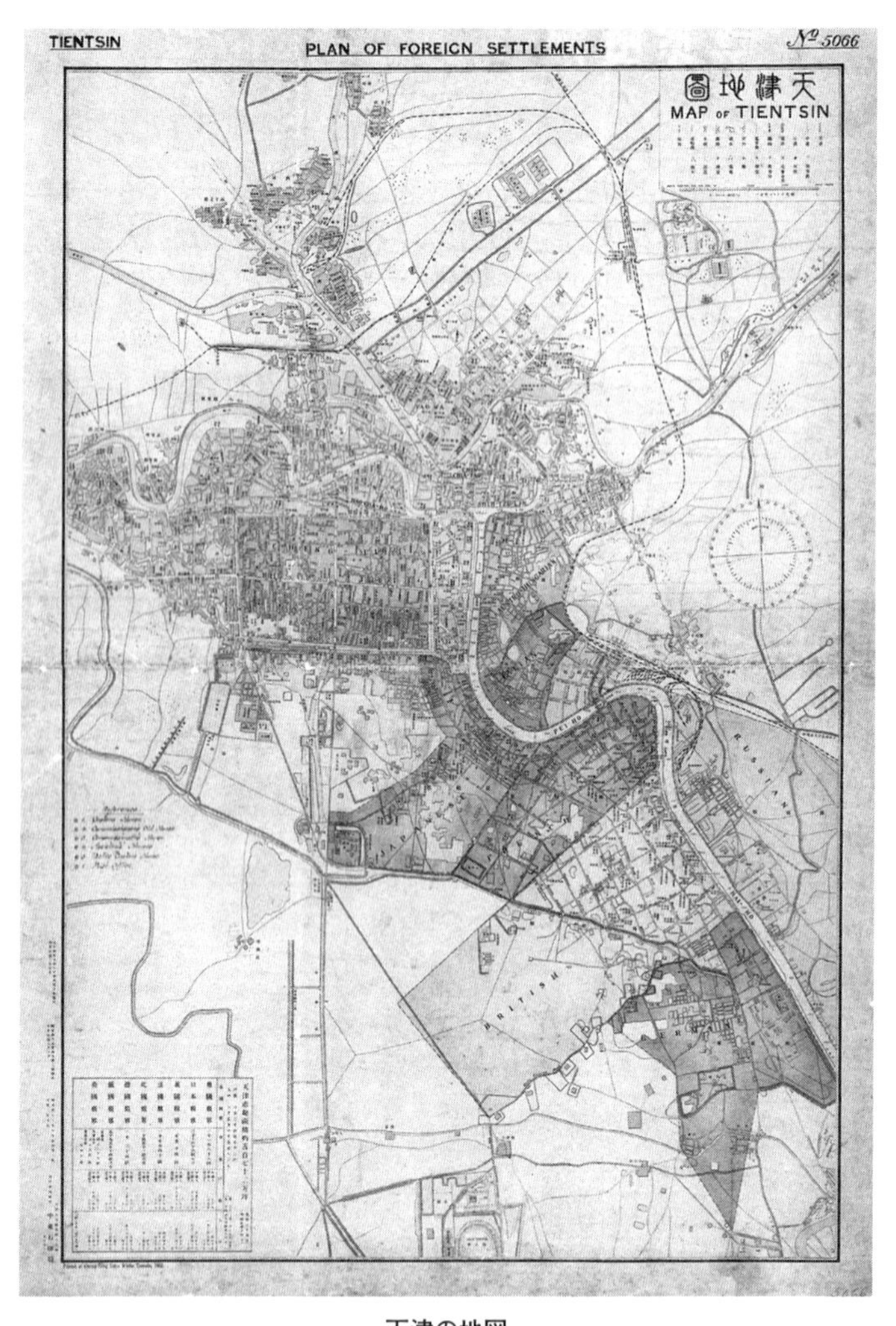

天津の地図

(出典)『天津市檔案館館藏　珍品檔案圖録(1655-1949)』
天津市檔案館編，天津古籍出版社，2013 年，69 頁

の整備もすすめた。「巡警」制度は必ず「学堂」を附設して専業的教育をほどこし、いわばプロの警察官を育成し、そのうえで登用するのが基本的ルールであり、「西法」にならう、とはそういう意味である。

そもそも清代の中国に専業的な警察は、存在しなかった。日常の犯罪捜査などは、通例その地の行政機関、もしくは常備軍の一種である緑営が当たっていたのである。けれどもその機能は、すでに一九世紀から不全に陥っており、すでにみた「団練」がそれに代わって、在地の治安維持を担うようになった。その限界を暴露したのが義和団だったわけであり、さればこそ都統衙門も、後を引き継いだ袁世凱も、新たな警察制度の導入とその機能を重視せざるをえなかったのである。

当然ながら、俸給も優遇された。一九〇六年ころでいえば、巡査長なら月十二両、巡査が六両の給料であり、「待遇はかなりよいので、志願者も多く集まる」と記録されている。同じ時期、組織規模は二千人にのぼった。

もとより天津の行政刷新は、このような「巡警」制度ばかりではない。くわえて特筆すべきは、道路・通信など都市インフラ、防疫・病院など医療施設、さらにそれら全般にかかわる各種の「学堂」など、教育機関の設立整備である。いずれも都統衙門以来の方針を推進、拡大し

たもの、やはり従前の組織・やり方では、十分に担いきれないところだった。

天津のいわゆる「北洋新政」とは、要するに治安の維持を基軸に、従前の都市行政を近代化しようとしたものである。いいかえれば、当局は積極的に住民生活の掌握をめざして、いっそう深くそこに介入し、行政の措置・機構の密度を上げていった。さもなくば、秩序の再建がおぼつかなくなっていたわけである。

天津経済と「新政」

そこに作用していたのは、何より都市の膨脹と変貌にある。天津都市域の人口は、一九世紀後半の半世紀で、二倍以上に増加した。もちろん自然増だけではありえない。むしろ大量の人口流入によるものであって、それが社会不安をひきおこしかねないことは、火を見るより明らかである。

そこで在地の地域社会では、リーダーの紳士が中心になって、いわゆる「善挙(ぜんきょ)」をさかんにおこなった。救貧をはじめ、孤児の養育・寡婦の保護にもおよぶ慈善事業の謂である。「善挙」の普及拡大はこの時期、天津にかぎらない都市社会の趨勢だったけれども、もはやそれだけでは十分でなくなっていた。

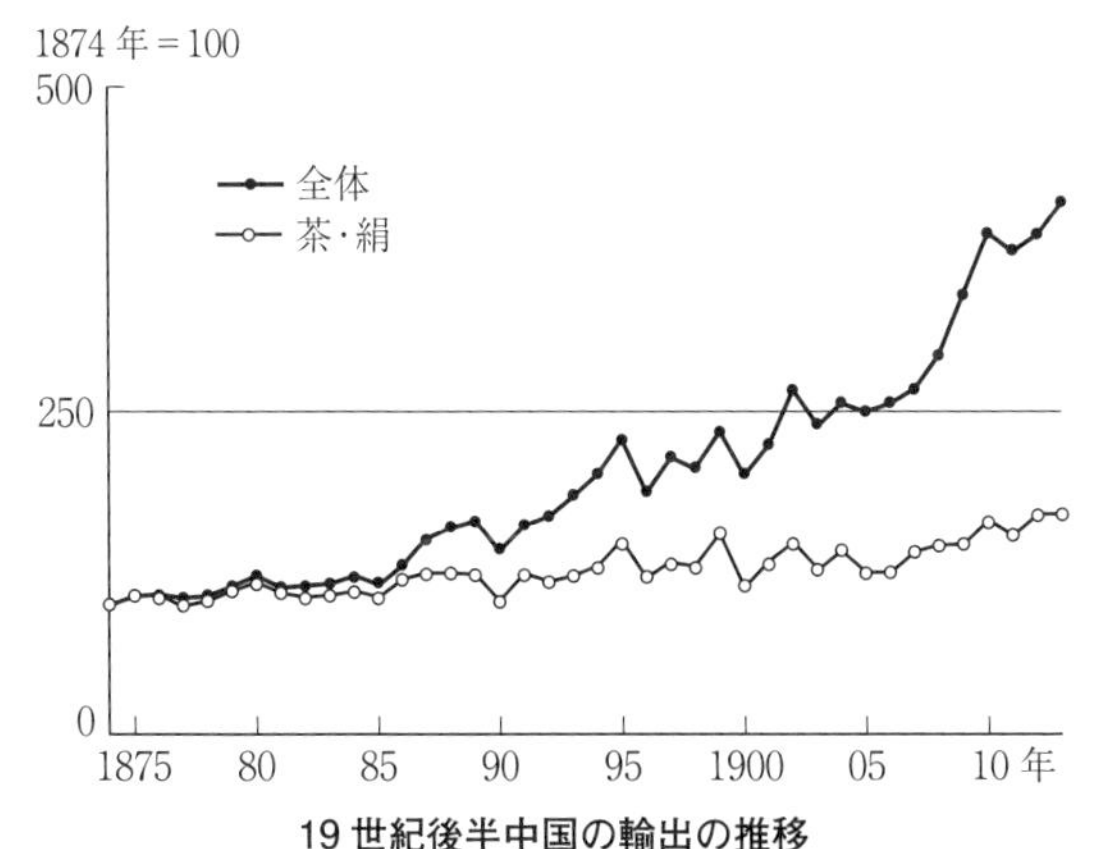

19世紀後半中国の輸出の推移

19世紀以前からの特産だった茶・絹以外の産品輸出がこの時期，急伸したことがわかる

（出典）木越義則『近代中国と広域市場圏』京都大学学術出版会，2012年，61頁

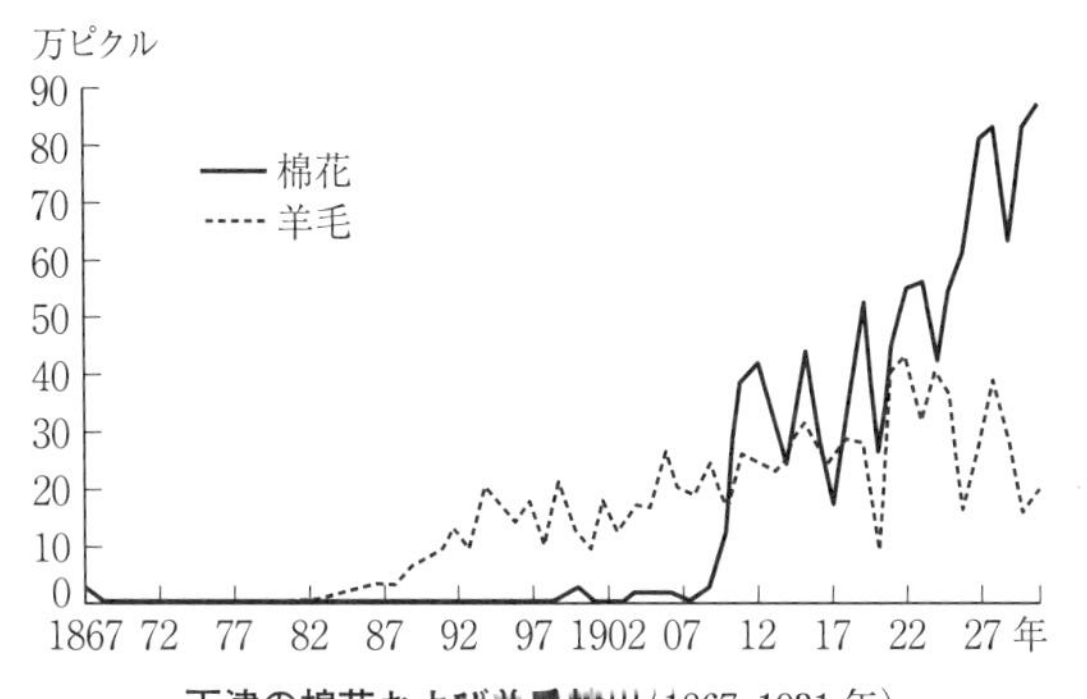

天津の棉花および羊毛輸出（1867-1931年）

（出典）杉山伸也，リンダ・グローブ編『近代アジアの流通ネットワーク』創文社，1999年，98頁

人々が流入してくるのは、暮らせるあてを求めてのことであり、天津に出てくれれば、何とか糊口をしのげる、という望みがあった。いいかえれば、天津の経済がそれなりに発展していたことを意味している。

一九世紀の末期から二〇世紀の初期は、中国の対外経済が再編され、拡大した時期であった。統計数値の単純な比較ながら、一八八三年に一億四千万両であった貿易量は、二十年後の一九〇三年には五億四千万両と四倍近くにのぼり、それまでの増加率をはるかに上回っている。

これは大豆・羊毛・皮革・棉花・鶏卵など、華北を主産地とする新しい輸出品の増加によるものであり、この時期イギリスに遅れて産業革命を果たしつつあった欧米諸国が、こうした第一次産品に需要を高めた結果にほかならない。天津は広汎な後背地をもつ一大集散地であって、たとえば羊毛や棉花の輸出が大幅な伸長をみせており、こうした貿易の盛況・経済の活況にうながされて、人々が流入してきたのである。

かくて生じる社会不安を暴発せしめず、治安を維持するために、「巡警」などの「新政」が不可避だった。もっともそうした事業は、かつてなかったものである。しかも従来以上のコストがかかったから、それをまかなう新たな財源が必要だった。

都統衙門の統治下では、たとえば道路の整備や警察の運営にあてる財源は、寄付金を意味す

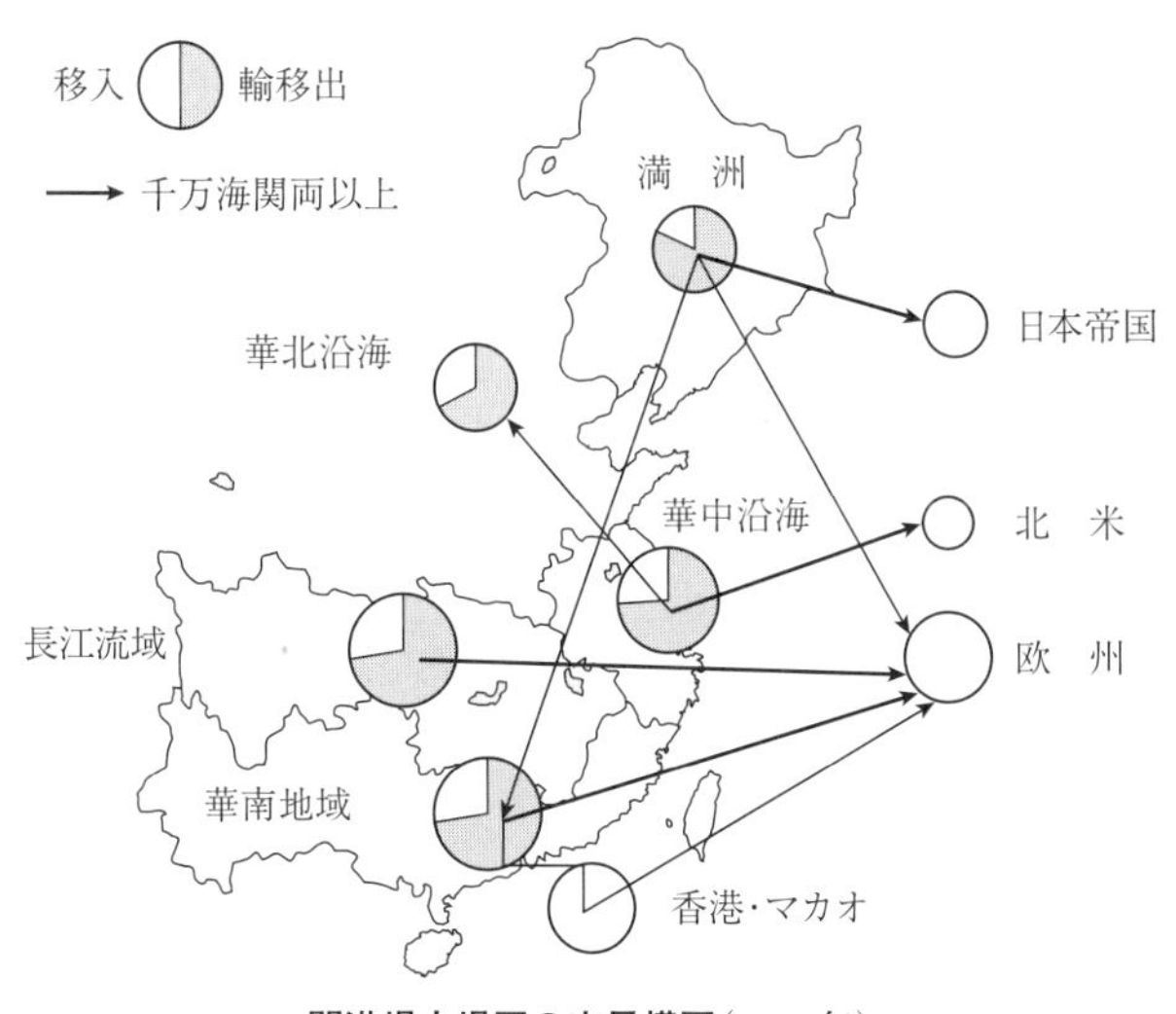

開港場市場圏の交易構図(1913年)
中国の各地方が外国列強と貿易で直結している様相がわかる
(出典)木越『近代中国と広域市場圏』100頁

る「捐」という名目で、住民から徴収されていた。もちろん強制的な負担ではあるけれども、あくまで臨時の醵出であって、正規の法定的な課税ではない、という位置づけなのである。袁世凱もその方法をひきついだ。住民の側がそんな負担に応じられたのも、外国貿易による天津経済の活況によっている。

さらにいえば、「新政」にしても、それを裏づける経済の活況、あるいは「捐」の負担にしても、袁世凱・天津だけの現象ではない。たとえば先輩の張之洞は同じ時期、湖北・湖南で殖産興業にはげみ、幣制の改革・鉱山の開発・製鉄所の建設など、大きな成果をあげていた。

そうした著名な治績も、漢口(かんこう)という開港場で増大した外国貿易を原資としたものであって、天津・華北の場合と同じである。時期的に並行しているのは、決して偶然ではない。

外国貿易に直結した開港場をかかえる各省は、このように経済の転換・発展をとげ、独自の政策を打ち出していた。直隷の袁世凱・湖北の張之洞は、その典型である。当時の「新政」というのも、そうした各省督撫のイニシアチブで進んだ個別の動きであって、必ずしも中国全体がまとまった統一的な事業ではなかった。そこをみのがすと、以後の史実経過が理解しづらくなろう。

北洋六鎮と日露戦争

とはいえ、直隷総督・北洋大臣最大の任務は、首都近辺の防衛である。袁世凱も本拠・任地だけを治めていればよい、というものではなかった。義和団の戦争で武衛軍が潰滅したから、軍隊の再建が急務である。

「新政」期の軍制改革は、全国の規模におよんでいる。各省を治める督撫が在地の既存部隊を新式に改組し、さらに子弟をあつめて補強した。従前の義勇軍の慣例にならったものだが、この軍隊も「新軍」と称するので、袁世凱子飼いの新軍とまぎらわしい。直隷総督になった袁

世凱は、まもなく自らの軍隊を「北洋常備軍」、ついで「北洋陸軍」と改名したから、以下かれの軍隊を「北洋軍」とよび、ほかの地方軍を「新軍」とよぶことにしよう。

こうした軍制改革を専轄する練兵処という機関が、一九〇三年に中央に設けられ、袁世凱はその副大臣に任命された。大臣は皇族の長老格、慶親王である。しかしかれは、むしろ名代というべき存在だったので、袁世凱が実質的にその中核を担うものと期待された。実際この軍制改革は、かれの「北洋軍」を原資、中軸として構想、推進されたものだったからである。

各地の軍隊が全国的に「新軍」に改編されたのは、一九〇四年のことだが、袁世凱の「北洋軍」はそれ以前から、整備増強がはじまっていた。直隷総督に着任したとき、山東からつれてきた二万の兵力が、七万以上に増えている。これを六つの「鎮」に分け、首都近辺の要地に駐屯させた。第一鎮は北京の北苑(ほくえん)、二鎮は直隷の保定、三鎮は吉林(きつりん)の長春(ちょうしゅん)、四鎮は天津の馬廠(ばしょう)、五鎮は山東の済南(さいなん)、六鎮は北京の南苑(なんえん)である。「鎮」は兵力およそ一万二千の師団をさし、全体で「北洋六鎮」と通称した。これが当時、中国最強の精鋭だったのであり、それを指揮する袁世凱は、いまや政府の第一人者といって過言ではない存在である。

清朝が軍隊の再建改編を急いだのには、もちろん目前の情勢が大きく関わっていた。当時の極東国際政治は、東三省におけるロシア勢力の急速な増大と、それに脅威をおぼえた日英の動

きを焦点とする。義和団事変の東清鉄道への波及をきっかけに、東三省を占領したロシア軍は、そこから退去しようとしなかった。ロシアの南下を恐れるイギリスと朝鮮半島での勢力確保を望む日本は、一九〇二年に日英同盟を結んでロシアに対抗、圧力をかけて、満洲還付条約を露清間に結ばせる。しかしこの条約をロシアが履行しなかったこと、満韓をめぐる日本との利害調整がつかなかったことから、一九〇四年二月、日露戦争が勃発した。

主戦場は旅順から奉天にいたる遼東地方、清朝発祥の地にほかならない。にもかかわらず、清朝政府は日露の行動を制御できなかった。となれば、どちらかにつくか、局外中立を保つか、しか道はない。このとき交戦を二ヵ国に、戦火を東三省に限定し、ほかの列強・中国の全土を戦争に巻き込まぬため、局外中立を提案、実現したのが、北洋軍をひきいる袁世凱だった。自らに一定の武力がなくては、中立の維持も難しいから、北洋軍を中心とした軍制改革・軍備増強には、少なからぬ意義があったのである。

清朝としては、強大な隣敵のロシアと日本の一方が圧勝しては、立場はいよいよ苦しくなる。互いに傷つけ合い、共倒れしてくれるのが、最も望ましい。大方の予想は、ロシアの勝利を信じて疑わなかった。当の交戦国・日露じしんすら、そうだったろう。

なればこそ袁世凱は、日本に好意的な姿勢を示した。このとき、満洲軍総司令部付で特別任

務班を組織し、対清工作に従事した青木宣純の活動を大いに支援したのも、その一環である。青木との年来の交誼は、もとより薄くない。けれども、それを動機とするには瑣末に失する。

日露戦争は日本の辛勝に終わる。日本はポーツマス条約で、ロシアから東三省の利権のうち、旅順・大連の租借権と旅順・長春間の東清鉄道支線の経営権とをえた。清朝政府は決してこれを黙過していない。かなりの抵抗を試みたけれども、通じなかった。日本に対する反感は、このあたりから増大してくる。

戦争終結後の一九〇五年一〇月、袁世凱は直隷省の河間(かかん)府で、北洋軍の一大軍事演習をおこなった。「河間秋操」といい、中国史上初の近代軍の野戦演習である。その挙が何を意味しているか、推して知るべし、北洋六鎮編成のしあげであると同時に、戦争を終えた日露はじめ、外敵に対する示威でもある。翌年の秋、こんどは河南省の彰徳府で、北洋軍の一部と南方の新軍との合同演習、「彰徳秋操(しょうとくしゅうそう)」を挙行、これも国外の注目をあつめた大規模な演習だった。

翌一九〇七年には、日露が多大の利権を有する東三省に督撫をおくこととなり、奉天・吉林・黒龍江三省全体の総督に徐世昌(じょせいしょう)、各々の巡撫に唐紹儀・朱家宝(しゅかほう)・段芝貴(だんしき)と、いずれも袁世凱の腹心が任命された。奇しくも同じ年、第一次日露協約が結ばれ、その秘密協定は東三省の勢力圏を日露で南北に分割する内容である。そこまで察知しえたか測りかねるものの、外国に

対抗するという同じ文脈で解すべき措置ではあるだろう。

かくて袁世凱は名実ともに、往年の栄禄・李鴻章に比すべき地歩を占めつつあった。統治の要をなす軍事・外交で余人の追随を許さない、抜きんでた存在になっている。しかしあまりにも急激に失したのであろうか、この局面が一九世紀、李鴻章時代のように安定し、継続することはなかった。それが袁世凱の一身のみならず、中国の命運にもかかわってくる。

第四章 革命

袁世凱(辛亥革命時期)

1　新しい時代

ナショナリズム

『清議報』の百号記念にこんな一文がある。

一九世紀と二〇世紀とが交わるこの瞬間こそ、じつに中国の二つの異質な大動力がぶつかりあい、せめぎあい、切り結んで、新陳代謝をおこなった時なのである。

『清議報』は康有為の高足・梁啓超が一九〇一年末、日本でジャーナリズム活動の舞台としてきた雑誌であり、右もかれの作。この史観にしたがえば、二〇世紀に入った中国史は、新段階を迎えた、ということになる。

では何が新しいのか。中国史上かつてなかったナショナリズムの勃興である。漢語では「愛国主義」といったり、「民族主義」といったりする。

自尊の意識は古今東西、どんな文明・社会・集団にもある。しかしそれをナショナリズムと呼ぶには、いくつかの要件が必要であって、何より自らが属する集団と暮らす土地を一体不可分のネイションだと意識しなくてははじまらない。そうなるには、対立するネイションの存在が不可欠であり、「忘れ得ぬ他者」という概念表現があったりするのも、そこに関わっている。

中国の場合、それは一九世紀最末期、西洋・日本の列強による圧力、とりわけ「瓜分」という対外的な危機に応じて生まれた。幕末維新の経験をもつ日本人にも、こうした外圧の契機は、理解しやすい。

かくて二〇世紀に入ると、中国でそのナショナリズムの運動がさかんにおこった。それは一言でいうと、列強に対する抵抗である。しかしたんなる抵抗なら、それまでの排外・「攘夷」も、抵抗にはちがいない。それをあえて新たな段階だとみなすのは、その抵抗が新たな観念と概念、そして手法でおこなわれたからである。

排外・「攘夷」とは、抽象的にいいかえるなら、異質なものの排除だった。キリスト教はじめ西欧文明そのものの蔑視であり、拒絶である。それは体制教学の儒教でも、反体制の邪教でも選ぶところはない。その典型が教案であり、なればこそ義和団と北京朝廷がむすびつきえた。

しかし列強の北京進攻と清廷の西安蒙塵でその限界が露呈しては、さすがに方向をかえざる

をえない。同質の対抗への転回である。異文明の存在を拒絶するのではなく、同文明の横暴に抵抗する、という趣旨になった。

そこで象徴的なのは、すでにみた「瓜分」である。文字どおりにいえば、「瓜(メロン)」を切り「分」けるのだから、もともと一個のものをバラバラにする、という意味にほかならない。バラバラになる前は一つの完結体、一体のネイションだという観念が前提にあるわけである。だから「瓜分」という表現じたい、すでにナショナリズムの発露だった、といってもよい。「瓜分」とはとりもなおさず「亡国」であり、それを救済せんとする「救亡」「救国」。以後はそうした観念にもとづく行動が、ますます顕著となる。

まず盛んになったのは、利権回収運動である。これまでの「攘夷」とは、とりもなおさず西洋の事物に対する暴力や破壊を意味した。それに対し、このたびは「回収」、奪われたものとして、とりもどすわけである。とりわけ日清戦争後、列強が獲得した鉱山・鉄道などの利権が、その対象となった。実際、辛亥革命までに広州・漢口間、蘇州・杭州間の鉄道、さらに十四の鉱山利権を買いもどしている。

盲目的な破壊・暴力に走らない行動といえば、いまひとつボイコット運動がある。一九〇五年には、アメリカで排華移民法が更新されたことに抗議、抵抗してアメリカ製品に対するボイ

コット運動が、全国規模で組織された。海外の「同胞」のため、中国を「一体」とする運動となった点に、従前との明らかな差異をうかがうことができる。以降この種の運動はさかんになりこそすれ、衰えることはなかった。

「新政」の進展

奪われたものをとりもどす、横暴に抵抗する、ばかりではない。同じ事業をおこすことで、列強に伍していこうとする動きも顕著だった。そもそも袁世凱らもおしすすめた「新政」自体、そうである。

「新政」とは政治全般の西洋化にほかならない。都市でいえば、さきにややくわしく紹介した警察のみならず、電車・公園の建設、利権回収でも主要な標的となった鉄道・鉱山の経営、同じく経済なら、紡織工場や近代銀行の設立がある。これは袁世凱の直隷のみならず、多かれ少なかれ、いたるところでみられた現象だった。

こうした実業にとどまらず、さらに広汎かつ抽象的な制度改革・立憲準備の動きも、それにふくめてよい。とりわけ日本が勝利した日露戦争の影響が大きかった。中国では、皇帝専制のロシアが立憲制の日本に敗れた、というイメージがひろがって、すでにはじまっていた改革の

動きを加速させる。

将来の憲法制定をみすえて、旧来の王朝式の政府機構は改編され、中央・地方で冗官の整理を実施し、近代国家の官庁・役職を順次、設けていった。それに勝るとも劣らず重要なのは、官吏登用制度である。旧来の科挙の試験内容を変更し、各地に西洋式の学堂を建て、京師大学堂を頂点とする学校体系の整備がすすんだ。また海外留学で試験に代えることも決まったため、留学生がとりわけ日本へ殺到し、ピーク時には八千人にのぼったといわれる。一九〇五年には、千年以上つづいた科挙の廃止を宣言して、近代的な教育が本格的にはじまった。李鴻章も康有為も念願しながら、ついに果たせなかった事業である。そこでこれを特筆して、「新政」の成果を「科挙を廃し、学校を設け、留学を派した」のみ、という向きさえある。

このようにみてくると、二〇世紀・新たな段階に入って、十年足らずの中国の動きは、明治日本の「文明開化」を上回るほど、ハイ・ピッチの変貌ともいえよう。以上をみるかぎりでは、まだ日本人にもわかりやすい。

紳士の転身

しかし事態は、いうほどに単純ではなかった。難しいのは、むしろここから。現象のみなら

ず、それをひきおこすしくみにまで目配りすると、日本人にわかりにくい事情で満ちている。

当時「文明抵制」というスローガンがあった。西洋「文明」にのっとったやり方で、列強に「抵制（ていこう）」する、という意味、さきに見た運動そのものだが、では誰がいったい、このスローガンをとなえ、実践したのか。地域社会を主導する紳士層こそ、その担い手にほかならない。

紳士といえば科挙の合格者、したがって儒教の庇護者であり、かつて「攘夷」の担い手だった人びとである。つまりかれらは義和団事変を境に、そのドグマをあっさり「文明」に切り替えた。義和団・秘密結社の邪教的な排外はもとより、儒教的な「攘夷」をもネガティヴな言動だと定義づけて地域社会から排除しつつ、「攘夷」に代わる「文明」にポジティヴな意義を付与して、在地の民衆を指導、組織する覇権をあらためて握ろうとしたわけである。

こうなってくると、儒教は紳士にとって、あるいは社会にとって、もはや第一義的な価値をもつイデオロギーではありえない。四書五経の習得度を測る科挙が廃止されたのも、地域社会とその指導層のこうした変化があったればこそだった。

科挙に代わったのは、留学や新式の知識・思想である。旧来の型にはまった科挙受験用の古典的文章に代わって、新語をふんだんにつかったジャーナリスト・梁啓超の文体がその導き手となり、賛否を問わず、かれの主張が急速に普及した。これがナショナリズム思想のひろまり

に大きく寄与する。

たとえば、張謇という人物がいる。かれは一八九四年実施の科挙の合格者、しかも首席だった。しかし官途にはつかず、故郷の江蘇省南通で実業による「救国」に専念する。当時はさきに述べたように、貿易の発展に応じて、繊維業・製粉業・精米業・搾油業など、民間の資本家が経営する企業が成長をはじめた時期で、かれも紡績

張 謇

工場の操業を成功させた。また日本を視察して、その開発事業をモデルに地域社会の振興に力をつくしたし、大日本帝国憲法を持ち帰って翻訳し、中央地方の官界に紹介したこともある。そしてかれは、一八八〇年代に呉長慶の幕僚をつとめていた経歴から、かねて袁世凱とも昵懇の仲だった。

張謇の例は極端にしても、大なり小なり、こうした動きが大多数で、袁世凱はじめ、各省督撫が主導した「新政」事業は、そんなエネルギーの上になりたっていた。袁世凱じしん、紳士たちに対し「官にはならなくともよいが、実業はやらないわけにはいかぬ」とまでいいつのっている。科挙の廃止をつよく主張する役割を担ったのも、本人が「正途」の官僚でない、とい

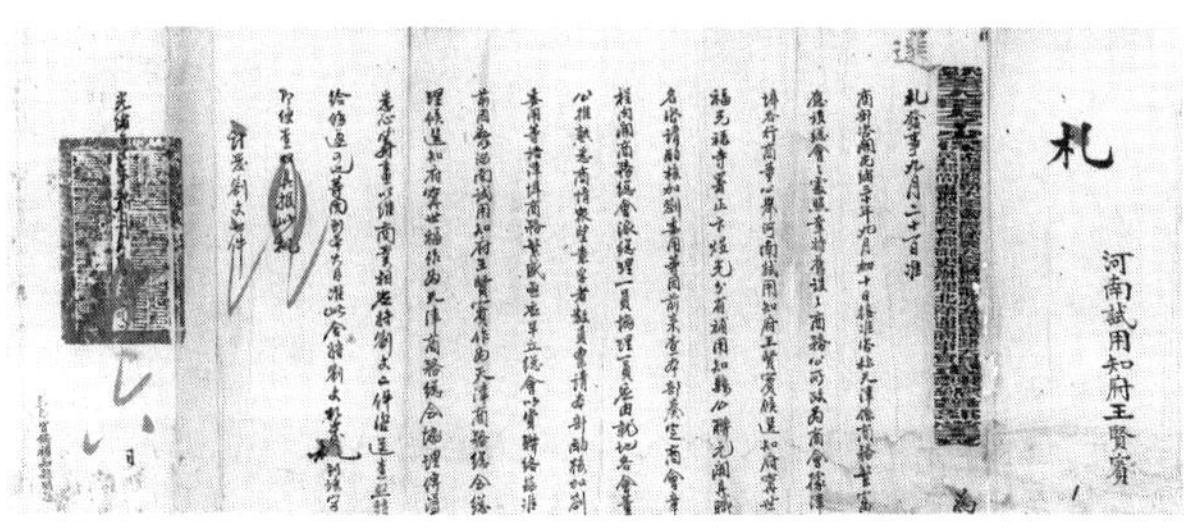
札

河南試用知府王賢賓

1904年11月3日，袁世凱が天津の商業自治団体・天津商務総会会長に下した任命書

督撫権力と商業団体との結びつきを示す

（出典）『天津市檔案館館藏　珍品檔案圖録』280頁

う理由だけではなかった。

だとすれば、構造は重層的である。官民一体で近代化をすすめた日本の経験とは、決して同じではない。わかりにくい、というゆえんである。

督撫は中央政府から任命されるものだが、その施政を支えるのは、任地の地域社会とそれを指導する紳士たちだった。督撫としては、任命する中央の意を体するのはもちろん、地域社会を代表するかれらの輿望にこたえなくてはならない。両者が合致すれば、問題はない。しかしそうならない場合もありうる。そのあたりの事情を、各々いかほどわきまえていたであろうか。

2 失脚

地方と中央

「新政」が西洋化をめざすものだとするなら、その目標は中央集権的な国民国家の形成である。ナショナリズムが高まればその方向へ一直線、というのが普通に想像できるところだが、中国はそうならない。われわれの想定とは裏腹に、そうした目標をいかに実現するかで、いよいよ混迷を深めていった。

中央集権を達成するには、文字どおり、中央政府に権力を集中させればよい。明治維新という歴史的実例もある。われわれがふつうに想像しがちなその事例は、朝野それぞれのめざすナショナリズムがさほど隔たらずに存在し、官民一体が曲がりなりにも実現していたところに生じた。権力が円滑有効に集中するには、それなりの条件が必要なのである。

しかし中国では、半世紀にわたって「督撫重権」、軍事力をあずかる地方大官に権力の重心があったから、むしろ国民国家的な中央集権に逆行している。日清戦争以来、その逆の方向に、中央の権力を強めようと、いくたびも試みて、挫折をくりかえしてきたのは、ここまで述べて

きたとおりである。

いかなる政治権力も、多かれ少なかれ、具有する権力の強化へ向かう生理がある。清朝の中央も例外ではない。ただし当時の北京がそれを実現するには、地方に既存固有の権限・利権をとりあげて、自分のものとするしか方法はなく、各省督撫あるいは地域社会との対立が不可避的に生じてしまう。「戊戌変法」・義和団事変いずれもそうだった。

義和団をへて、清廷の権威はまったく失墜した。全面的な実証は難しいものの、とりわけ地域社会を牛耳る紳士層の反撥が大きかったようにおぼしい。自分たちと対立関係にある秘密結社と手を結んで、破壊や戦火をもたらしたというばかりではない。戦後の処理でいよいよそうなった。巨額の賠償金が典型であって、その弁済のため、増税の負担が地域社会にのしかかったからである。

かれらからすれば、北京はもはや外国の言いなりになって、自分たちに累を及ぼす存在と化していた。以後の清廷を「洋人の朝廷」と呼んで非難したのは、清朝政権の打倒をめざした人々だが、そうした感情はかれらのみにとどまらず、社会全体にひろまったにちがいない。

それでも中央集権化の運動律は、なおもかわらない。この「新政」時期においては、西洋化・近代国家形成という大義名分、明確な目標がそなわっただけに、むしろ強まる傾向にさえ

あった。だとすれば、北京と地方との対立はいっそう劇化しかねない。

中央の転変

おそらくそうした事情を清廷で最もよく感知していたのは、指導的な立場にあった栄禄、そして西太后であろう。以後かれらが政治上、ほとんど何もしなかったのは、それが大きな理由だったからにちがいない。

栄禄は北京議定書の締結直後に、要職から退こうとしたが、許されなかった。信任はなお篤かったのである。その娘は西太后のお声掛かりで、光緒帝の実弟・醇親王載灃(じゅんしんのうさいほう)に嫁した。二人の間にできた子が、すなわち次の、そして最後の皇帝・溥儀(ふぎ)である。それでも栄禄本人は、目を引く動きをみせないまま、一九〇三年四月に世を去った。

同じ年に設置された練兵処は、本来ならかれが主導すべきだった。そのトップに任じた慶親王は、だから栄禄の代役、後継といったところである。慶親王が以後、一貫して袁世凱と良好な関係を保ったのも、栄禄と同じ文脈で解すればよい。

目立たなかった栄禄に対し、西太后はその豹変ぶりで驚かされる。つい数年前に外国人の皆殺しを命じた張本人は、西安から北京紫禁城にもどってくると、率先して外国の公使夫人たち

と社交を重ね、皇族にも西洋化をすすめた。いまも多く残る彼女の写真や肖像は、ほとんど二〇世紀になってからのものである。

もっとも、どこまで本心なのかはわからない。むしろ義和団ののち、排外を払拭したことをアピールする宮廷のパフォーマンスとみたほうがよいのだろう。

西太后と外国公使夫人

そもそも西太后本人に、外政を方向、決定づける定見や感情があったわけではない。前世紀、洋務や変法の時代もしかり、排外に走ったときも、そうだった。このたびも同じだろう。

個人的には、西洋化をめざす「新政」の動きを快く思っていたはずはあるまい。自身に危害がおよびかけた「戊戌変法」のリバイバルだからである。けれども、積極的に「新政」を妨げることは、もはやしなかった。諦観していたのだろう。

それは政治の機能面でみれば、あらためて地方の督撫

に実地の行政をゆだね、手腕をふるわせる「垂簾聴政」に回帰したといえなくもない。社会にひろまる反感を緩和して安定を保つには、むしろそれが適していた。

しかしこうした自覚・機微が、次の世代をになう人びとにどこまで共有、理解されていたかは、また別の問題である。栄禄の逝去から五年半、半世紀近くにわたり皇帝の代わりをつとめてきた西太后が、ついに崩じた。時に一九〇八年の一一月半ば。北京朝廷・中央政府は、大きな転機をむかえる。

袁世凱の立場

そのまさに渦中にあったのが、袁世凱である。政治的な嗅覚にすぐれたリアリストのかれが、権力の生理、中央集権化の運動律に気づかぬはずはない。「新政」のなか、北洋軍の総帥としての自身が、あまりにも速く頭角をあらわしたことはよくわきまえていたから、それなりに手を打っている。

練兵処での上司・慶親王との親密はくりかえさない。同僚だった鉄良(てつりょう)との関係が、むしろ注目に値するだろう。鉄良は袁世凱より四歳年少、ほぼ同世代の満洲人で、科挙の受験をあきらめて、軍事を研究したというから、その点は袁世凱と共通していた。栄禄の幕僚となって軍務

につき、その引き立てで昇進したことも似ているかもしれない。
もっとも、鉄良が歴任したのは北京駐在軍の管轄であって、むしろ中央を代表する官僚だといえる。一九〇三年、日本への軍事視察から帰国すると、新設の練兵処に配置された。北洋軍を掌握する袁世凱の監視を兼ねた役回りだったのはいうまでもない。

ほかならぬ袁世凱も、鉄良の任命を推挙している。これはやはり北京の空気を鋭敏に感じ取って、自分への攻撃を緩和しようとした手配にほかならない。しかし鉄良はむしろ、北洋軍の主導権を中央政府に、自らに移していこうと画策をはじめた。財政面・人事面から勢力を拡大してゆく。

転機は一九〇六年、「彰徳秋操」の後だった。列強各国に憲政を視察に出かけた五大臣が帰国し、官制改革が一挙にすすんだ年である。中央では集権の機運が大いに高まって、督撫の権限を減殺しようとの議論もおこった。袁世凱は自他ともに認める第一の標的である。期せずして弾劾非難もあいついだため、譲歩にふみきった。同年一一月、練兵処と兵部を併せて、新しい省庁の陸軍部が設けられると、そのトップには鉄良が就任し、北洋六鎮のうち、直隷・天津に駐屯する二鎮・四鎮以外をすべて鉄良の直轄下に置くよう、かれ自ら要請する。かくて袁世凱は大いに、その権限を縮小した。

それにとどまらない。翌一九〇七年、かれは軍機大臣兼外務部尚書に任命された。軍機大臣とは皇帝を補佐する宰相、中央政府で最も顕官である。外務部は北京議定書の規定でできた新しい官庁、欧米の外務省に倣ったもので、中央省庁の筆頭に位置づけられた。列強との外交を何より重視する、との含意である。尚書とは長官・大臣の謂であるから、今回の異動は、いまでいえば首相にして外務大臣、人臣としてほぼ極官に至ったことにほかならない。けれどもこの人事、表面的には昇進だが、実際は降格だというのが、大方の評価である。

というのも、袁世凱は残る北洋軍の指揮権も失って、それまでかれを支え、押し上げてきた軍事権が奪われたからである。同様の任命は同じ時期、湖北の張之洞にも下っていた。これで、当代最有力の督撫を優遇し栄転させ、中央に重きを加えると同時に、その地盤から引き離して、扶植した在地勢力を弱める、という中央集権化策の一環だと理解できる。袁世凱は中央政府にとりこまれた形となって、その立場も決して安穏としたものではなかった。

放逐

いかに権力争奪で不利に傾いたといって、袁世凱が意趣返しに、そのポストでサボタージュしたとか、政府の妨礙(ぼうがい)をしたとか、はたまた反抗する動きをみせたとか、そんな事実はない。

何しろ中央最高の官職、それなりに精励し、職責を果たしていたといえよう。ここでも上司は慶親王で、活動に掣肘は少なかった。

たとえば、その外務部尚書就任を機に、清朝政府の外交改革は加速し、外務部は専業的な外交官を擁する官庁に衣替えした。これは「新政」にはげみ、外国との関係を一貫して重視し、そうした人材を積極的に評価、登用してきた袁世凱の姿勢によるところが大きい。

もちろん権力、派閥の争いは古今東西、どんな政治にも避けられないし、実際その意味での摩擦や軋轢は少なくなかった。それを伝える記録はおびただしくある。けれどもこのように、かれが任務を全うしているかぎり、西太后も袁世凱を冷遇し、切って捨てるはずはない。少なくともかれ自身は、そう読んでいたはずである。ところが、事態は一変した。西太后と光緒帝の崩御である。

載灃と溥儀
抱かれているのは，弟の溥傑

あとを継いだのは、光緒帝の甥にあたる数え三歳の宣統(せんとう)帝溥儀。実父の載灃が監国摂政

王として、実権を握った。この皇位継承および摂政就任には、袁世凱も賛成していた。ただ、それが積極的な載灃父子の推戴なのか、情勢に迫られてやむなく支持したのかは、説が分かれる。いずれにしても、西太后在世中のようにいかないことは、覚悟せざるをえなかった。しかし結果は、本人にも意外だったのではなかろうか。

新帝即位から一ヵ月、一九〇九年一月二日、勅命が下った。

袁世凱はいま足疾を患っており、歩行も困難、職務にたえないので、これをもって解職する。本籍地に帰って療養せよ。

その前に私腹を肥やしたと弾劾する上奏があって、それに答えての命令である。罪状にはふれていないし、「足疾」、脚が悪いという症状もまったくなかった。つまりは突然の罷免、政府からの放逐である。

伝わるところでは、載灃らはもともと袁世凱を殺害するつもりだった。老臣の張之洞のとりなしもあって、やむなく断念した、という。それほどの遺恨があったのか、内情に暗いわれわれには、少し想像がつきにくい。

西太后崩御の前日に、光緒帝が崩じている。享年三十四。戊戌の政変以降は、実権を剝奪されたまま、死因も謎である。そんな境遇の原因をつくった人物が袁世凱であることはかくれもない事実だったから、帝じしん、あるいは同情的な人びとが、朝廷で顔を合わすたび、袁世凱をどんな目で見ていたか、想像に難くない。遺詔に怨言が書いてあった、という説もあって、宮廷の主となった帝の皇后、隆裕(りゅうゆう)皇太后と皇弟摂政王の載灃がその報復を果たした、とは必ずいわれるところである。しかし、だとすれば、あまりにも小児的な感情ではなかろうか。

しかり、小児的なのである。私怨の報復かどうかはともかく、北洋軍の建設に力をつくし、各界にひろい人脈をもつ袁世凱を罷免、放逐した行為じたい、短慮としかいいようがない。かれ一人を要職から引きずり下ろせば、目前からいなくすれば、勢力を殺いだつもりだった。そのあとの措置をみれば、いかに浅慮かわかる。

載灃はまもなく陸海軍関係の要職に、自分の信頼できる兄弟・親族をあいついで任命した。さらに一九一一年、中央各省庁の大臣から構成される内閣制度がはじまると、その閣僚をほとんど皇族でかためる。重鎮と目される張之洞も、袁世凱の追放から一年もたたずに世を去っていたから、人口の大多数をしめる漢人の存在感は、北京政府でいよいよ薄くなった。

中央集権とは必ずしも、皇帝・皇族への権限集中と同じではない。しかも当時の権力構造か

ら、民間のナショナリズムとも容易には直結しない。その機微を載灃は理解できなかった。まだ数えて二十七歳、ほとんど経験のない身では、いたしかたなかったのかもしれない。けれどもやはり兄弟なのか、その拙速軽率は、光緒帝の「戊戌変法」を髣髴させる。

西太后・栄禄が義和団以後、なぜ袁世凱を重用したのか。心ならずも、とつけくわえてもよい。載灃本人も周辺も、その意味を考えようとしなかった。それだけで、政権の自殺行為にひとしい。清朝の命運はこれで、ほぼ去った。残ったのは、それを誰が白日の下にさらすのか、という問題だけである。

3 混迷

隠棲

すべての職を解かれて事実上、官界から追放された袁世凱。その心底ははかりしれないものの、大いに失望したであろうことは想像がつく。かれはかれなりに、つとめて政府を支えてきたつもりだった。その行蔵(こうぞう)はあくまで、一人の臣下・官僚としてのそれである。いかに政争で政敵に敗れたからといって、この時点では、政権の枠組を変革するような立場になかったし、

そうする意欲も企図も、あるいは知謀もなかった。

袁世凱は勅命を拝受すると、本籍のある河南省にもどり、はじめは輝県に暮らし、のち彰徳に落ち着いた。自分が隠棲した寓居を「養壽園」と名づけ、少なくとも表向きには、そこで余生を過ごす姿勢である。

もとより社交は、隠棲後も活潑だった。やりとりした書翰も多く残っている。だがそこでも判で押したように、「郷里に養生し、畑仕事・魚釣りに興じている」、「宿痾を調治しながらも、まだ大効はない」と記し、政界復帰を否定していた。

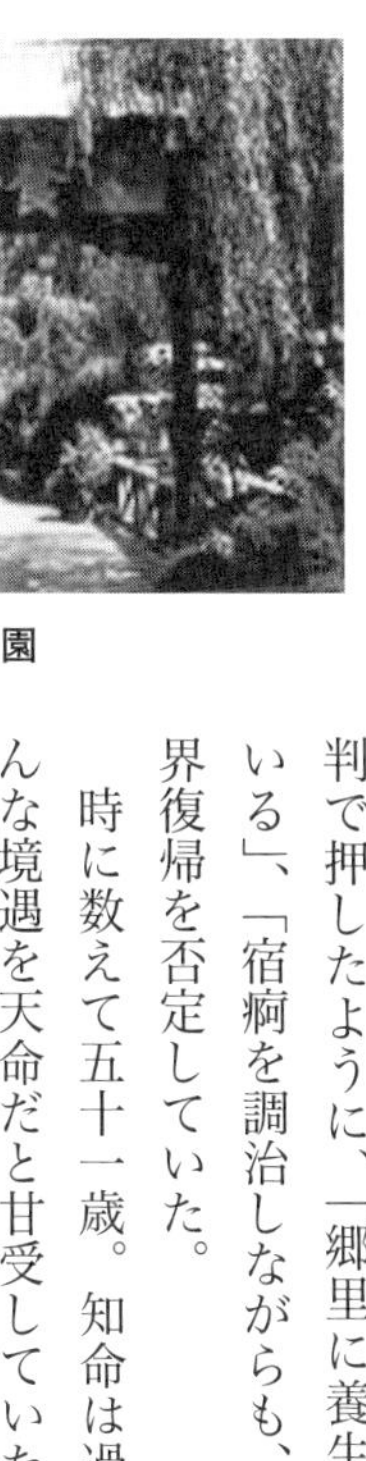
養壽園

時に数えて五十一歳。知命は過ごしたとはいえ、もとよりそんな境遇を天命だと甘受していたわけではないだろう。このあたり、かれの漢詩をみるにしくはない。文とはかざるものなのに対し、詩は感慨を吐露する表現形式だからである。
彰徳には、養家の主・袁保恒の代から親交のあった王廉という人物が住んでおり、養壽園にも訪ねてきた。以下はその王廉に唱和した五言律詩。

乍（まさ）に賦す　帰来の句　　林棲し　旧雨存す
卅年にして　塵夢より醒め　　半畝あり　荒園を辟く
雕（ワシ）は倦む　青雲の路　　魚は浮く　緑水の源
漳洹　猶ほ浅きを覚ゆ　　何処（いづく）にあらん　江村を問へども

「帰来」は陶淵明の「帰去来」をもじったもの、「旧雨」は旧友の王廉を指すから、前半はまさに隠棲の境遇を描いたところ。頸聯の「青雲」とは、仕官・出世のことをいう。それに厭いたのだから、いまの境遇に安住し、退隠の意思をあらわしたようにもみえなくはない。ところが、尾聯の句と考え合わせると、どうだろうか。「漳（しょう）」「洹（かん）」はいずれも川の名前、流域に彰徳という土地がある。「浅」いのだから、越えて外へ出たいのだし、杜甫（とほ）の詩を典故とする「江村」とは、村野・田園をイメージさせるもの。要するに、隠居の地におとなしく収まっていられない心境をあらわしている。

だからその姿勢は、むしろ韜晦（とうかい）とみたほうがよい。時局に無関心でもなければ、自負がないわけでもなかった。ただ当面は保身第一、雌伏するほかない。

旧暦八月二十日は袁世凱の誕生日、宣統元年(一九〇九)のその日にまつわる逸話がある。祝賀に集まる知友・僚属は少なからず、そこで交わされるやりとりは、その不遇から、ともすれば不平不満に流れて、政権への誹謗、反抗とうけとられかねない。かれが病を口実に、来客謝絶にしたところ、それでも駆けつけた人びとは、無理に立ち入って賀詞を述べたという。自身がなお有していた隠然たる勢力と、それがために心を砕かざるをえなかった韜晦とを示すエピソードにほかならない。

ともあれそんな隠棲生活は、三年近くつづく。その間というもの、清朝・中国の政治は混迷を深めるばかり、いわば急坂の石であった。かれ個人の意欲・抱負もさることながら、そうした情勢が否応なく、かれの存在を必要としてくるのである。そのありようをまずは、みておかなくてはならない。

「立憲」の名のもとに

そこで基軸をなしたのが、「立憲」という概念・スローガンである。朝野の当事者たちが有したナショナリズムという抽象的な意識は、その大多数が「立憲」という具体的な目標となって行動をうながした、というべきだろうか。

とすれば、日露戦争がおわった一九〇五年まで、話はさかのぼらねばならない。この年の一〇月、北京政府は欧米・日本の各国を歴訪してその政治を視察すべく、五人の大臣を派遣した。袁世凱の腹心・徐世昌（じょせいしょう）もその一人である。いうまでもなく、立憲制の導入をみすえてのものであり、翌年九月、五大臣の帰国復命をへて、憲政にむけた制度改革の方針が示された。

まもなく近代国家の省庁に倣って、中央政府の官制を改めたことは、すでに述べたとおりである。さらに明くる一九〇七年の九月・一〇月にはそれぞれ、中央に資政院（しせいいん）を、各省に諮議局（しぎきょく）を置く命令が下った。いずれもゆくゆく開設する議会の準備機関である。

翌一九〇八年八月二七日、「憲法大綱（けんぽうたいこう）」が発布された。「憲法大綱」は計二十三ヵ条の条文からなり、第一条に「君上の大権」として「大清皇帝は大清帝国を統治す、万世一系にして永永尊戴せよ」と規定する。一見してわかるとおり、まったく明治憲法をモデルとするものだった。時を同じくし、あわせて「預備立憲（よびりっけん）」、つまり憲政準備の詔も下り、九年以内の憲法制定と議会の開設を予告したのである。

以上に対する在地紳士層の反応も、当初はまずまずだったといってよい。ナショナリズムに転身したかれらは、多くは「立憲」を支持し、たとえば張謇が預備立憲公会を結成するなど、さまざまな政治団体を発足させていた。「憲法大綱」の発布・「預備立憲」の詔も、そうした運

動の成果でもある。

こうした施策は立憲政体・近代国家への体制移行をめざす半面、皇帝・中央政府の権力を強化し、支配を維持しようとする意図もふくむものだった。その両者は袁世凱失脚の時点まで、なお矛盾をきたしていなかったわけである。

事態が動きはじめるのは、各省に諮議局が開かれてからである。時に一九〇九年一〇月半ば、袁世凱が追放されて一年もたっていない。おびただしい在地紳士層がその議員となり、諮議局はあたかもその代辯機関に見まがう観があった。かれらは立憲制の趣旨をひろくうったえ、国会の即時開設と責任内閣制度の導入を求める請願運動をおこす。

救亡の要挙はただ、速やかに国会を開き、責任内閣を組織するに在るのみ。

こう張謇が全土に電報をまわしたのが同年一一月、諮議局開設からまだ一ヵ月にしかならない。かくて各地の請願は連繫しあい、全国的な運動として高まった。翌年に北京で開かれた資政院も、ほとんど同じ意向・姿勢を示す。

輿論・民意を国政に反映させるのが議会制度だから、請願すること自体に不可はあるまい。

問題はその行動・要望がどれだけ時宜にかない、実現の見込みがあったかである。

諮議局に集まった紳士は、地域社会の有力者・資本家であり、その利害の代表者である。だからかれらの声は、在地の意見・要求ではありえても、全国の輿論ではありえない。むしろ前者を後者に重ねる、悪くいえば、すりかえるのが常である。

これは現象だけでいえば、いまの議会制民主主義でもめずらしくない光景ではあろう。けれども国民国家が確立し、中央と地方の権力分担が明確で、官民の距離が少なければ、そうそう深刻な問題にはならない。ところが、当時の清朝中国は異なる。

王朝権力はかつて科挙によって、地域社会の俊英をリクルートし、名利を与えて、その支持をとりつけていた。いわば権力と社会を結びつけたのが科挙である。すでに述べたとおり、当時は地方の紳士層が北京の清廷に不信を抱いたばかりか、その科挙もなくなっていた。もはや両者共通してとなえた「立憲」くらいしか、たがいをつなぎとめうる紐帯はなかったのである。したがってその運用に齟齬があっては、潜在する対立はたちまち顕在化しかねない。それが一九一一年、ついに現実と化す。

「革命」の動き

中国史研究で「立憲」の対立概念は、ながく「革命」であった。中国の現政権は「革命」から誕生してきたため、もちろん前者がネガティヴ、後者がポジティヴな概念である。「立憲」派とは「戊戌変法」の立役者たる康有為・梁啓超の流れをくむ勢力で、皇帝を残して立憲政体にあらためる主張をとなえていた。それに対し、帝制を倒さなくては変革はありえない、とするのが「革命」派の立場である。ともに中国の変革、近代国家化を希求した。それは共通する。にもかかわらず、いな共通すればこそ、清朝あるいは帝制の存続を是認するかどうか、いずれが変革を主導するか、で激しく対立せざるをえなかった。

ふたたび一九〇五年にさかのぼる。八月二〇日、東京赤坂の坂本金弥(さかもときんや)邸。ここで結成されたのが中国同盟会(どうめいかい)である。

二〇世紀に入り、清朝の打倒をめざす集団の動きが、ようやく活潑になってきた。孫文を領袖として広東人・華僑が結集した興中会(こうちゅうかい)が最も古く、黄興(こうこう)・宋教仁(そうきょうじん)ら湖南人は華興会(かこうかい)を、章炳麟(しょうへいりん)ら浙江人は光復会(こうふくかい)を結成した。本籍地・出身地で固まっていた革命団体は、それぞれ中国内で起こした蜂起や事件で亡命、前後して日本に活動拠点を移し、相互の交流も深まって、ついに組織をひとつにしたのである。これも新しい時代、北京政府にあきたらない機運が高まってきた一面をあらわす。

一九〇五年末までの同盟会入会者は、湖南・湖北・広東の出身者を中心に四百五十人あまり、さしたる規模でもないし、また元来の郷党意識が牢乎に残り、たがいに融和しなかった。まもなく内紛が起こって、一致団結した活動もとれなくなる。しかしその影響は、決して小さくはなかった。

同盟会はその綱領に、満洲人の支配を覆し、漢人の政権をとりもどし、共和国を樹立する、と掲げた。一言でいえば、漢人の共和制が清朝・帝制に取って代わる、ということである。こうした「革命」のプランを宣伝すべく、機関誌『民報』を発行した。

この『民報』は当初、異常な反響を呼んだ。すでに論壇で圧倒的に主導的な地位にあった梁啓超主宰の『新民叢報』と、論争をくりひろげたからである。

梁啓超の主張からして、すでに過激だった。体制の変革はいわずもがな、清朝政府に容赦のない非難を浴びせ、それこそ「革命」にみまがうような議論をとなえたこともある。とはいえ、いかに筆鋒が鋭くなっても、清朝の存続・立憲君主制への転換をめざしたことにかわりはなかった。

それに対し、同盟会・『民報』ははじめから、清朝・君主制の存続を否定しており、その点、決定的に異なる。汪精衛（兆銘）・胡漢民・章炳麟らが梁啓超に挑んだ論戦は、満漢関係・国家

構想・中国の前途・内外の情勢に及び、一九〇七年にいたるまで、激しい応酬を続けた。

清朝政府からみれば、いずれも相容れぬ反逆者・政治犯だったから、ともに中国内では公然たる活動はできない。この史上有名な論戦も、直接には日本を中心に、海外で勢力をひろめようと、しのぎを削った一齣だった。範囲はごく限られていたといってよい。

それでも大きな影響をもちえたのは、日本への留学生が激増した時期に重なったからである。かれらは各層各界を代表するエリートにほかならない。朱に交われば赤くなる。異境でこうした盛んな眺めの論戦にふれて、留学生の大多数は体制の変革・現状の打開を志すようになり、やがて帰国すると文官・軍人の要職に任じる者もいた。変革への動きはかくて、必ずしも組織化をみないままに、いよいよ高まってゆくのである。

4　辛　亥

「革命」の蹉跌と雌伏

タイトルの「辛亥」という干支は、西暦でいえば、ほぼ一九一一年。いうまでもなく辛亥革命という歴史的な大事件が起こった年である。四年前の二〇一一年はその百周年、記念行事な

どで大きな騒ぎだった。

この干支はそれで、とても有名なのであるが、しかしこのときに革命となったのは、ほんとうに偶然というほかない。およそ革命とよばれる歴史的大事件のはじまりは、いずこもいずれも、そんなものなのかもしれない。

この革命はまず、「革命」をめざした人々の達成ではなかった。そこをみのがすと、以後の史実経過が理解できない。「革命」派は一九〇七年以後、各地で武装蜂起をくりかえした。同盟会が内紛状態になってからも、その動きは続いたが、いずれも失敗し、多くの血が流されたのみの結果に終わっている。

より少人数で可能な政府要人の暗殺、テロまがいのものまである。著名なところでは、『民報』の論客だった汪精衛が一九一〇年、北京で摂政王載灃の暗殺未遂事件を起こしたことがあった。このとき当局は、主権者を襲った重大犯罪にもかかわらず、捕らえた汪精衛の才を惜しんで、死一等を減じ終身刑にとどめた、という。

同盟会系の組織的な蜂起は、まず南方で根拠地をつくって、そこから北伐をする、という目的・戦略であった。そのため鎮圧された暴動も、華南の辺境が多い。その最大のものとして、一九一一年四月の広州蜂起がある。「革命」派の巨頭・黄興の指揮のもと、東南アジアの華僑

から資金をつのって、広州で大がかりな武装蜂起を起こしたけれども、手痛い敗北を喫した。

これが転機となる。広東人主導だった従前の北伐戦略をあらためため、湖南人の宋教仁が中心となって中部同盟会を結成し、長江流域で「革命」勢力の拡大をはかることにした。湖北・湖南で暗躍していた文学社・共進会など、秘密結社系の勢力と提携し、その地に駐屯する清朝側の新軍に入り込み、反清工作をおこなっている。

もっとも、新たな方針ははじまったばかり、一定の成果があがるまでは、時間がかかる。宋教仁らも行動に移るのは、何年か先を予定していた。ところが情勢は、その機が熟するまで待ってはくれなかったのである。

「立憲」の急進化

ちょうど同じ時期にあたる。北京政府は一九一一年五月八日、中央の政府機構・省庁を改編して、内閣官制を制定した。すでに述べたとおり、明治日本の内閣制度を模倣したものであり、したがって大枠は、いまの日本ともかわらない。

だから内閣の発足じたいに、問題があるわけではなかった。あるとすれば、その組閣人事である。発表された閣僚十三人のうち、総理大臣の慶親王を筆頭に、満洲人が八人、皇族がその

五人をしめ、漢人は副総理の徐世昌・郵伝大臣の盛宣懐ら、わずか四名にすぎなかった。それでも適材適所なら、まだよい。たんに載灃に親しいから、というだけで、みるべき人材はいないのは、当時から明らかだった。北京政府内でも疑義が出て、ひとまず撤回したほうがよい、との意見すらあったものの、却下されている。

各省の諮議局はもちろん、この組閣に非難の声をあげた。「皇族内閣」だというにある。さっそく連合して、「皇族で内閣を組織するのは、立憲君主国の公例に合わない」と申し入れたところ、それに対する勅諭は、

有司の任免は君上の大権に属す。議員はみだりに干渉してはならぬ。

とにべもなかった。たしかに「憲法大綱」第五条に「君上の大権」として、こうした趣旨は明記がある。けれども諮議局のイメージする「責任内閣」からして、到底それでは納得できなかった。

かくて在地の紳士層は失望し、清朝から離反の動きをはじめる。かつてボイコットや利権回収運動など、外に向かっていたかれらのナショナリズムは、いまや「立憲」での矛盾の深まり

を通じて、矛先が清朝に向かうようになった。

北京政府は折しも、鉄道国有政策を打ち出していた。これはさきに利権回収運動で買い戻していた広州・漢口間の粤漢（えつかん）鉄路と建設予定の成都・漢口間の川漢（せんかん）鉄路を国有化して、外国から借款を入れて建設完成することにしたものである。

いずれも民間資本での建設を認めていたものの、十分な資金が集まらなかったことによる措置であり、それはそれで、理にかなってはいる。しかしすでに出資した人々からみれば、醵出金が巻き上げられかねないか、不安に陥らざるをえなかった。それほど当時の政府・官僚の財政出納には、信用がなかったのである。そこに外国借款が加わったから、私産を守ろうとする民間の意思は、容易にナショナリズム・反政府の行動に転じた。

とりわけ強い反撥が起こったのは、四川省の諮議局においてである。そこを中心に、鉄道沿線予定地の四川・広東・湖南・湖北で「保路同志会（ほろどうしかい）」が結成され、国有化に反対する運動がはじまった。

これに対し、北京はあくまで高圧的な姿勢をくずさない。くりかえし軍隊を投入して、激しい反対運動を展開した四川の保路同志会に弾圧をくわえ、各地で流血の惨事までひきおこした。こうして南方の有力な資本家・紳士層が、ついに清朝そのものと真っ向から敵対する局面にな

ってきたのである。

「武昌首義」から各省の「独立」へ

このように、鉄道国有化反対運動が劇化すると、「革命」をめざす人々も黙ってはいられなくなった。四川の運動に合流し、また裏から煽動もおこなっている。さらに隣接する湖北では、工作を施しはじめたばかりだったところ、情勢の急転で、数年後の予定をくりあげて、来る一〇月一六日に蜂起する計画に変更した。これがすでに恐慌をきたした結果だったけれども、現実はさらに思いがけないプロセスをたどる。

いま中国湖北省の武漢（ぶかん）という大都市は、長江と漢水の合流地にあり、もともと三つの都市だった。すなわち行政・文化の中心地たる武昌（ぶしょう）、開港場で経済の中心をなす漢口、工業地域の漢陽（かんよう）、あわせて武漢三鎮という。

一〇月九日、漢口の「革命」派のアジトで、火薬が誤って爆発する事故が起こった。このため各所に捜査の手が伸び、人士が捕縛され名簿も押収される事態になる。漢口の対岸の武昌では、「革命」に転じていた新軍の士卒たちが焦慮のあまり、翌日の夜をもって蜂起にふみきり、湖北の総督府を襲撃するに至った。

武昌の総督といえば、長く張之洞がつとめたポスト、当時は満洲人の瑞澂が在任していた。少しく沈着に対処したなら、まるで準備不足の蜂起だったから、鎮圧も可能だったはずである。ところが当の瑞澂は、「革命」側よりあわてふためき、退去逃走してしまい、武漢三鎮はたちまち「革命」軍の占拠するところとなった。かれらは中華民国湖北軍政府を樹立し、上官の黎元洪を首班の都督に推戴した。この軍政府とは、「革命」に染まった新軍と、「立憲」をとなえて反清に転じた諮議局とが合体した、にわか仕立ての地方政権であり、当時のいきさつをよくあらわしている。

中国の現政権によれば、「革命」が正義であるので、こうした暴動蜂起は正義のために起ちあがった意で「起義」という。それを率先してはじめた武昌の蜂起は、とくに「首義」と称した。率先、というのだから、この種の「起義」は陸続継起したのである。

またたく間に、といってよい。長城以南の中国十八省のうち、長江以南を中心とする十三省があいついで「独立」を宣言した。「独立」とはこの場合、清朝政府からの離脱を指し、宣言した主体は、湖北と同様の軍政府である。

そしてやはり湖北と同様、激烈な戦闘はほとんど起こらなかった。けっきょく各省は、いつでも北京から離れうる態勢になっていたのである。「武昌首義」はそのきっかけを与えたにす

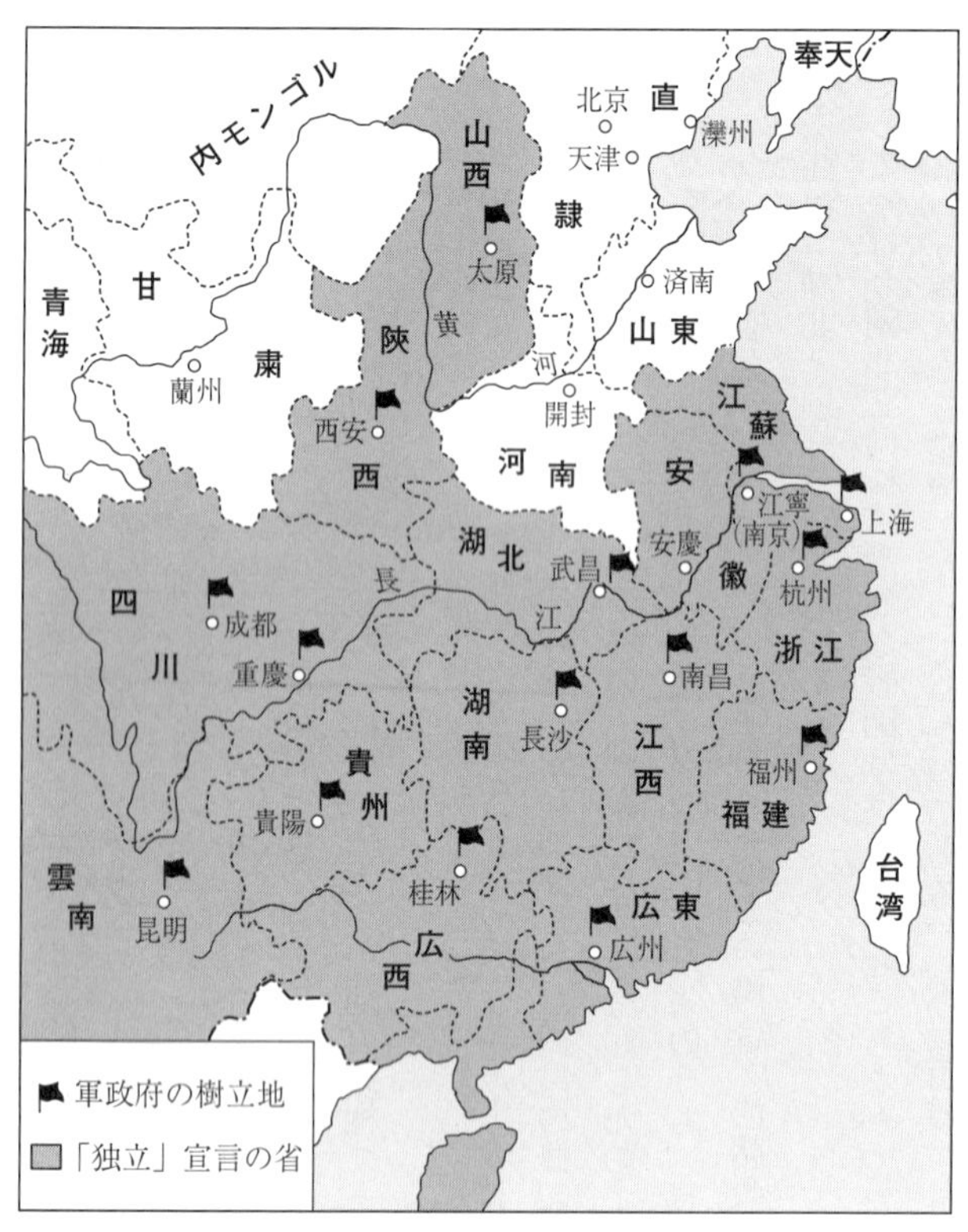
内モンゴル
奉天
北京
直
灤州
天津
隷
山
西
太原
済南
山東
青
海
甘
粛
蘭州
陝
黄
河
開封
西安
西
河
南
江
蘇
安
江寧
(南京)
上海
徽
安慶
湖
北
武昌
長
江
四
川
成都
重慶
杭州
浙江
南昌
湖
南
長沙
江
西
福州
福
建
貴
州
貴陽
桂林
広東
広州
台
湾
雲
南
昆明
広
西
軍政府の樹立地
「独立」宣言の省

各省「独立」の図

ぎない。その間の事情は、説明してきた政治経済構造から明らかであろう。だから「独立」は容易だった。問題はむしろそれからである。

「独立」した各省の軍政府は、清朝から離脱しただけで、どこもほんとうに自立自存してゆくつもりはない。しかるべき中央政府のもとに帰属する意向である。もっとも、北京の清朝はなお厳存しているから、まずはこれに対抗して「独立」を維持しなくてはならない。バラバラでは各個撃破されるおそれがあるため、とにかく連携する必要がある。

そこで一一月一五日、上海で各省都督府代表連合会が結成された。「武昌首義」から一ヵ月あまりのことである。しかし各省の「独立」は、湖北をはじめとして、計画性も統一性もなかったから、その前途はまったく予断をゆるさないものだった。

復　活

「武昌首義」そして武漢三鎮占領に、北京政府は周章狼狽（しゅうしょうろうばい）した。とにかく暴動を鎮圧せねばならない。

一〇月一二日、陸軍大臣廕昌（いんしょう）に北洋軍を率いて討伐を命じた。陸軍のトップに指揮権をゆだねた命令である。ところが、このわずか二日後、逃亡した瑞澂に代えて、袁世凱を湖北・湖南

の総督に任命した。この袁世凱にも派遣軍の指揮をとらせるとの指示が附随しており、載灃らの恐慌ぶりがうかがえる。

つまり暴動鎮圧に主力を投入してはみたものの、それだけでは十分ではなく、かつて追放した袁世凱の起用が必要であった。新任の廕昌の指揮では、北洋軍が機能しないため、その将校・士官をながく育成掌握してきた袁世凱を戦場に送り込まねばならない、と悟ったわけである。もちろん袁世凱の立場からしてみれば、一方的に追放しておいて、困ると頼ってくるのだから、ずいぶん身勝手な話ではあった。

もっとも、この命を養壽園でうけとった袁世凱が、どう感じ、考えたかはよくわからない。かれが実際に腰を上げ、武漢へ向け南下をはじめたのは、一〇月三〇日のことだから、半月ほどの間隔がある。

そこで通説では、かれはその間に「足疾未だ痊えず」と任命を拒否し、軍事全権のひきわたし、責任内閣・国会の開設、政治犯の赦免という条件をつきつけ、北京政府に呑ませたうえで出馬した、といわれてきた。

北一輝(きたいっき)の『支那革命外史』にも出ているから、一九一五年には流布していた話で、軍権はもとより載灃に対する復讐、責任内閣は「立憲」に、政治犯は「革命」に対するアピール、三方

いずれにも有利な立場を占めようとした謀略だというわけである。のち袁世凱が政権を掌握する経過からすれば、納得できる説明ではあるものの、根拠はいたって怪しく、ためにする誹謗(ひぼう)中傷の蓋然性が高い。

確認できるところでは、鎮圧軍の指揮権をそっくりひきわたしてほしい、との要望は出していたようである。意趣返しの企図が皆無だったとはいえまい。だが、むしろより純粋に軍事的な観点から、効率よく軍隊を動かすため、指揮権を一本化すべしと主張したと解することも可能である。

ほかに条件を正式に求めていた証拠はない。もちろん袁世凱が「立憲」や「革命」のことを何も考えていなかったはずはあるまい。養壽園には要人、軍人、紳士ら多くの来客があり、社交もさかんだったから、かれはいながらにして、天下の情勢に通じていた。だから単に軍事行動で各省の「独立」をくつがえすだけでは、問題の根治にならない、とみていてもおかしくはない。

天津の新聞『大公報』一〇月二四日の記事に、袁世凱の非公式な発言を載せて、

根本は立憲を実行できるかどうかにある。それにはすぐに責任内閣をたて、満漢の対立を

解消せねばならない。しかしこれを上奏すれば、脅迫・責任転嫁だと批判を浴びるので、軍務喫緊のいま、それはできない。

という。かれ自身の立場・主観としては、このあたりが穏当な進退のありようではなかっただろうか。「立憲」の「実行」を「根本」としたところ、留意しておいてよい。

むしろ袁世凱が出馬を決め、一〇月二七日、正式に指揮権を与えられてから後に、情勢が急転したのである。北京にほど近い山西省が二九日に「独立」し、まさにその同日、いっそう北京に近い灤州（らんしゅう）に駐屯する部隊から、十二ヵ条の要求がつきつけられた。国会の年内開設・「皇族内閣」の廃止・「責任内閣」の組織・政治犯の釈放などを含んでいる。受け入れねば、ただちに北京を攻撃する、という姿勢だった。この事件を「灤州兵諫（へいかん）」といい、まさしく清朝にとって「青天の霹靂（へきれき）」である。最悪の場合、北京は東西から挟撃される危険に陥ったわけで、載灃は屈するほかなかった。

かれは翌三〇日、「己を罪するの詔」つまり自己批判、謝罪表明を発表したのち、一一月一日、慶親王に代えて袁世凱を内閣総理大臣に任命した。全権を袁世凱に委ねて、危機を乗り切ろうというわけである。三日、資政院が「憲法信条」十九条を上奏、即日採択頒布された。こ

れが当面、北京政府の憲法となる。その規定にもとづいて、袁世凱があらためて内閣総理大臣に選出された。

かれ本人が南下から転じて入京したのは一三日、一六日には組閣を終えている。いわゆる「責任内閣」として正式に政権を掌握したわけであり、それとともに、各国からその承認もとりつけた。

「武昌首義」からほぼ一ヵ月の間に、追放隠棲の身から極官にまでのぼりつめた袁世凱。南方各省がおおむね「独立」してしまったなか、北京政府を担うことになったかれの行動を、内外固唾を呑んで見守ったのである。

第五章　皇帝

袁世凱(民国時期)

1 「ストロング・マン」

南北交渉

よくみると、袁世凱の位置はずいぶんと危うい。表向きは北京政府の内閣総理大臣、清軍の総司令官であり、全権を委ねられている。しかしながら、つい一ヵ月前までは罪人同然、いわば公職を追放されていた。そして南方には敵対勢力がいて、軍事的に対峙している。どちらからも信用されていなかった。一歩誤れば、孤立無援になりかねない危地である。

もとより自覚しなかったはずはない。自らをそんな難局に置いたかれが、いったい何をどうしたいのか、誰にもよくわからなかった。

このような位地は、袁世凱にとって初めてのことではない。かれは軍事力を掌握するがゆえに、日清戦争・戊戌政変・義和団事変など、重大事件がおこると、そのたびキャスティング・ボードを握る立場にたたされ、そのつど帰趨を左右する選択、決断を強いられた。

必ずしもかれ自身が望んだ立場ではなかっただろうし、その選択もすべてが本意だったわけ

でも、自信があったわけでもあるまい。それでも輿望を集めたかれの決断が、歴史を前に動かしてきた。それは辛亥革命でも、ほぼ同じである。

袁世凱は清朝の司令官だから、ひとまず南方の「革命」軍を鎮圧すべく軍を動かした。正式に指揮権が袁世凱に与えられたことに北洋軍は勇躍、同じ日の一〇月二七日より二九日までの三日間の攻撃で、「革命」側に立った新軍を圧倒し、やがて漢口を奪回した。つづいて漢陽をも占領、またたく間に「首義」の地・武漢三鎮は陥落寸前になった。そのまま攻撃を継続していたら、中国の歴史は変わっていたかもしれない。しかしかれは兵をとめ、話し合いをよびかけた。

一二月一日、武漢で南北の停戦協定が結ばれ、三日から六日まで停戦、七日に北京政府は南方の「独立」した各省と交渉する全権を袁世凱に委ねた。かれは翌日、代表の唐紹儀を派遣、九日から南方各省の代表・伍廷芳（ごていほう）と交渉をはじめる。はじめは内密、まもなく公開の交渉となり、場所も武漢から上海イギリス租界に移された。

唐紹儀も伍廷芳もアメリカ帰りの広東人、外交畑で活躍した人物である。二〇世紀の初頭には、北京政府外務部の同僚であって、その尚書つまり外相をつとめた袁世凱の部下でもあった。そのため意思疎通は、ごく円滑だったはずである。しかし肝腎の交渉は、はかばかしくなかっ

た。

袁世凱のほうは清朝政府の代表として、君主立憲を主張する。それに対置する形でいえば、南方の「独立」各省は共和立憲をめざした。「立憲」は当時のスローガンだったから共通していたものの、その前提が異なる。清朝あるいは君主制を残した「立憲」とするか、共和制のもとで憲政を布くか、政体そのものをめぐる原理原則の争いになっていたのである。交渉の進捗しない理由はそこにあった。

これには、南方の「独立」各省の事情も大きく作用していた。すでに述べたとおり、各省は提携の必要を感じて、一一月の半ば、各省都督府代表連合会を結成したものの、その主導権をめぐって、対立をくりかえし、容易にはまとまらない。同盟会系の「革命」派がそもそも一枚岩ではなかったし、それに諮議局の「立憲」派紳士層、新軍の軍人が加わっては、いよいよ紛糾する。各自の利害をいいつのるばかりだった。そうした足並みの乱れをつかれないためにも、外には原則を譲らず、いっそう強硬にならざるをえなかったのである。

交渉代表の唐紹儀と伍廷芳は、そこで事態打開のため、来るべき中国の「政体を決定する」「国民会議」の開催を提案した。前者としては、足並みのそろわない南方の陣営に揺さぶりをかけ、後者はそんな自らの馬脚をあらわさないようにする心算だったのであろう。

しかし袁世凱は、それを峻拒した。越権だとして唐紹儀を厳しく叱責する。唐紹儀は如何ともできずに任務を辞し、南北交渉はいわば暗礁に乗り上げてしまう。おそらく南方により多くの譲歩を強いるため、ことさら峻厳な姿勢に出た、半ば芝居を打ったものだろうが、それが狙いどおりに運んだかは疑わしい。

南京臨時政府

「革命」派のうち最も知名度の高い人物は、最古参の孫文である。かれは「武昌首義」当時、中国には不在で、アメリカのデンバーにいた。そのニュースを知るや、帰国を決意、革命への支持をうったえつつ、ヨーロッパを回って上海に帰着したのは、一二月二五日のことである。到来した孫文は、反目をつづけていた「独立」各省がともかく結束できる核になった。これがいっそう事態を動かす契機をなす。

各省軍政府の代表は同月二九日、孫文を中華民国臨時大総統に選出した。翌一九一二年一月一日、南京の江蘇省諮議局で正式に中華民国の建国を宣言し、二日後、臨時革命政府が組織される。かくていわゆる南京臨時政府が成立し、君主国と共和国が南北に分立し、相譲らぬ形勢になった。

事後から見ているわれわれには、これは当然の推移のように映るものの、当時は小さからぬ衝撃であった。袁世凱も大いに当惑したにちがいない。

袁世凱があえて南方への攻撃を控えたのは、それに意味がないと考えたからである。軍事的に地方を圧倒しえても、政権・政体をあらためねば、民間の不満は残って、根本的な解決にならない。そのためには騒乱・戦闘が継続、あるいは継起すれば、列強の干渉が待っている。対内的な騒乱を鎮めるには、対外関係の安定もなくてはならない。虎の子の精鋭部隊を南方の攻撃に投入し続けるのか、それで財政的外交的にもちこたえられるのか、は当然、自問したところだろう。実際かれが前年一一月末、停戦にふみきった直接の理由としてあげるのは、戦闘に対するイギリスからの抗議だった。軍事力に劣る南方も苦しいが、袁世凱も決して楽な立場ではなかったのである。

それだけに目前に対する危機感は大きかった。以下は唐紹儀が「国民会議」を発案したとき、袁世凱に送った電報の一節。

向こうは共和を譲らず、これに反することは提議できません。いったん決裂すれば、大局はむちゃくちゃになります。焦慮をくりかえしても、局面打開の妙案は浮かんできません。

師（袁世凱）が重んじておられるのは、皇太后・皇上の護持、憂えておられるのは、列強の干渉です。ふたたび戦争になれば、軍費・武器はどうすればよいのでしょう。必ず勝つことができるでしょうか。万が一敗れれば、社稷は傾き、列強は中国分割にとりかかりますから、漢族も没落をまぬかれず、これ以上の危機はございません。

唐紹儀じしんが直面する情況を描くばかりか、上司の袁世凱の立場をも代辯した内容でもあって、重要な文章たるを失わない。これが語る南北・内外の勢力構図は、以後も終始一貫したからである。

復帰にあたって、いみじくも述べたように、袁世凱にとっての「根本」とは、「立憲」・憲政の実現だった。それを施行しなくては、中国はまとまらない、逆にいえば、「立憲」さえ備われば、中国はバラバラにならない、というのがかれの見通しである。南方を屈服させ、「立憲」実施の線で折り合って、武力行使を最小限にとどめればよいはずであった。ところが目前の事態は、同じく「立憲」をとなえながらも、まったく異なる政府が、南北に並び立ってしまったのである。

袁世凱からすれば、軍事的に南方を圧倒するだけなら、むしろ容易である。けれども戦争を継続すれば、外からの干渉は必至で、それは避けたい。だからといって、劣勢の南方に屈するのは、いっそう不可能である。

南方からすれば、武力で劣り、内紛も絶えない。財政もたちゆかなくなっている。すでに内戦や干渉にはたえられない。それでも何とか成立させた共和国を保ってゆくには、どうすればよいか。

ならば当時、最も実力ある者が政権を掌握して、南北を和解させ政権の分立を防ぐほかないし、その任にあたるべきは、袁世凱しかいなかった。こうした客観的な趨勢は、むしろ火を見るより明らかで、当時は内外の別なく、誰もが理解できたところである。外国人が袁世凱を「ストロング・マン」と称したのも、不思議ではない。かれが野心をもち権謀をめぐらせた、というより、衆望が期せずして、かれのもとに集まっていった、とみるほうがいっそう適切である。

敵対をつづけた南方も、もはやその情勢を前提に、妥協をすすめるほかなかった。南京臨時政府は清朝皇帝の退位を条件として、孫文が臨時大総統の座を袁世凱に譲り渡すことにする。

軍事的に敗亡してしまうよりは、「革命」を実現した体裁をつくろって、中華民国政府を存続させるほうが、まだしもであった。

袁世凱じしんがどの時点から、その気になって、本格的に画策に乗り出したのか、じつはよくわからない。しかし政界に復帰し内閣総理大臣に任じた当初から、というのはいささか早すぎる。むしろ局に当たり南方と対峙し、内外の動静をにらみ合わせたうえで決意した、とみるのが穏当正確なところではなかろうか。

ただ、その意図を固めてからは、輿望を利用しつつ、比類なき辣腕ぶりを発揮した。南方を手玉にとって、たちまち自らに有利な地歩を築く。イギリス公使ジョーダンの支持を得て、かれに調停を依頼したのは、その意味でも、すこぶる有効ではあった。南北ひとしく最も怖ろしかったのは、列強の干渉だったからである。

以上の条件がととのったうえで、段祺瑞ら前線にある軍人たち四十七名は、連名で北京政府の内閣・大官・皇族に打電した。時勢のかくなる上はすみやかに共和政体を採用し、一刻も早く民生を安定されたい、という文面である。時に一月二六日。

もちろん袁世凱が部下に言い含めてやらせたことであり、この文面をかれ本人が内閣総理大臣として、隆裕皇太后にとりついで上奏、最後の決断を仰ぐ。要するに、脅迫にほかならない。

二九日に開かれた御前会議でも、あえて抗おうという声はなかった。清廷・帝室は優待条件を付与せられることで、屈せざるをえなかったのである。

一九一二年二月一二日、宣統帝の退位が宣言された。この「退位詔書」を起草したのは、かつて江蘇省の諮議局議長であり、このとき臨時政府の一員になっていた張謇である。かれはもともと、清朝主催の科挙に首席合格した紳士だった。それが「立憲」にくみしたのち、南京臨時政府に参画したうえで、清帝退位に転じた袁世凱に協力しているわけである。かれのこうした進退ほど、辛亥革命の経過と本質を象徴するものもあるまい。

三百年前に興起し、ながく東アジアに君臨してきた清朝は、共和国への「遜位(そんい)」つまり政権譲渡というかつてない、そしてあっけない幕切れで終焉をむかえた。その史上の役割はもはや終わっていたから、必然的な結末だったとはいえよう。しかし旧きものの退場は、新しきものへの転換を決して保証しない。

清朝が政権から去っても、遺したものはおびただしくあった。ほぼ手つかずのまま、とつけ加えるべきかもしれない。そんな遺産の相続人に指名され、また自らその役割を買って出た袁世凱は、そんな情況をどこまで自覚していたであろうか。

2　相　剋

それぞれの革命

宣統帝の退位が決まると、孫文は翌日、臨時大総統を辞することを宣言した。袁世凱に譲る意思表示である。その二日後の二月一五日、南京では民国統一の慶賀式典がおこなわれ、孫文は政府官僚をひきつれ、孝陵（こうりょう）という陵墓に赴いた。

そこに葬る人物は、明の太祖・朱元璋（しゅげんしょう）。異民族政権のモンゴル帝国を駆逐し、取って代わった皇帝である。明の首都は北京だが、遷都は後になってから。太祖じしんは南京に興起し建国し即位し、ここで崩じた。孫文らがこのときあえて、その朱元璋を祭った目的は、明朝に取って代わった異民族政権の清朝を打倒したことを報告し、兼ねてその事業をかつての朱元璋の功業になぞらえるためだったのである。

これほど「革命」派にとっての辛亥革命をよく表現する出来事はないだろう。「革命」とはしょせん、満洲人に対する種族的復仇、漢人による政権の奪還・中華主義の発揚にすぎなかった。われわれが革命というタームから想起する政治改革・社会変革という客観的な観点からみ

たばあい、このような観念・パフォーマンスに、どれだけ現実的な意味があっただろうか。

当時もほかの者にとって、辛亥革命とは「革命」派が考えるようなものでは決してなかった。庶民にとっては、おそらく辮髪を剪るだけの変化しか、実感できなかっただろう。この政治変動に多少なりとも関わったなら、北一輝のように、もっと西洋の市民革命にひきつけて考えた者もいたし、旧態依然の易姓革命にのっとってみた者もいた。後者の最右翼が、おそらく袁世凱。自分の主催すべき新政府は、あくまで清朝・北京政府から政権をひきついだものにほかならない。

古風な王朝ぶりの漢語なら、「禅譲」あるいは「簒奪」というべきか。このときの政権交代では、幼児の宣統帝が退き、嫡母の隆裕太后がそれを宣言する詔を書かされた。そこで袁世凱の所業は、寡婦と幼児をあざむいて政権を窃取した「三国志」の司馬仲達・魏晋革命になぞらえられる。とうてい公明正大、褒められるべき事業とはみなされなかった。それでも「正統」、政権を正しく受け継いだ経路が、清朝から袁世凱へ、ということではまちがいない。南京臨時政府など、存在したにしても、それはあくまで「臨時」の割拠政権にすぎないから、観念的には、ないも同然、現実としては、一時的な割拠勢力として吸収し、消滅させねばならなかった。

この立場は外国列強も支持していた。中国の混乱と急激な変化を望まなかったからである。

それまで関係をとりむすんできたのが清朝政権だったし、公使団が駐在するのも北京である。そうした列強の立場からいって、情勢を安定させる実力のある人物が、交際する中央政府の所在する北京にあるのは、ごく自然なことだった。

袁世凱の側もその意向はよくわきまえ、列強公使団と連絡をとって、北京での政権樹立に対する支持をいちはやくとりつけた。これで国際的にみても、袁世凱が北京で政府をたてることに問題はなくなる。

それに対し、南方は共和国が清朝を打倒し、取って代わったと思っていた。その共和国を代表するのが南京臨時政府であって、トップ・大総統の職は袁世凱に一時的に譲りはしたけれども、あくまで臨時政府の一員であって、その意向どおりに動かねばならない。孫文が臨時大総統の座を辞し、後任に袁世凱を選出するにあたり、就任は南京でおこなうよう求めたのも、その一環であった。そこに袁世凱らがみる従前の経過・目前の情勢とは、大きな乖離が横たわっている。

南京か北京か

袁世凱が中華民国の臨時大総統になるにあたって、北京で就任するか、それとも南京でそう

するかは、そうした政権の「正統」、あるいは性格をめぐる争いに直結していた。かれはもとより南京での就任を拒みつづけ、けっきょく「兵変」を理由に、北京で臨時大総統に就任し、中央政府も北京におかれた。

北京を選んだ、という決断は、旧来の清朝政府を継承する立場を鮮明にしたことを意味する。それはその体質にもとづく政治を継続する、という意味にもなりかねない。

南方がそれでおさまるはずはない。臨時政府の立法府・参議院はそこで、「臨時約法」を制定した。「臨時約法」とは、文字どおり「臨時」・暫定的ながら、われわれのいう憲法にあたる。当時としても、また中国の情況からしても、いわば相当に西洋的、民主的な内容をもりこんであって、現代の中国でも実現のかなわない条項が少なくない。主権在民・基本的人権に関わる規定などは、その典型だろう。そのため、ほとんど実施をみなかったにもかかわらず、かえって政治原理の象徴的な規範として浸透した。「臨時約法」はその意味で以後を左右した、実に重要な文書なのである。

具体的な行政の側面でいえば、通例の議会制・責任内閣を想起すればよく、国会参議院の権限を著しく強化したことが、とりわけ重大である。そこから選出される国務総理を新たに設け、これが内閣を組織して、実際の政務にあたるよう定めた。大総統も国務総理も参議院に責任を

有し、参議院が両者を弾劾する権限を有していたから、行政府の権力はかなり制限された形となる。

「臨時約法」が制定されたのは、三月一一日。袁世凱が北京で臨時大総統に就任した翌日である。このタイミングは、もちろん偶然ではない。袁世凱の政権が成立してしまう前に作製決定して、その行動を掣肘しようとしたのである。ひとえに南京臨時政府の理念・主義に違いかねない袁世凱の独断専行を許さぬためであった。

袁世凱はその企図をどこまで察知していたのか。あるいは、何もかも知りつくしたうえで、軽く考えていたのか。ただちに「臨時約法」を受け入れて、唐紹儀を推薦、参議院の承認をへ、国務総理に任じて組閣させた。ようやく孫文らが祝った「統一」の政府が発足したのである。しかしその船出から深刻な対立をはらんでいたことは、誰の目にも明らかだった。

唐紹儀

新政府は内外に課題が山積していた。そもそもどんな政府にせよ、どんな政策を打ち出すにせよ、まず必要なのは実行力、そしてその裏づけとなる財政力であろう。しかし当時の中央政府には、いずれも備わっていなかった。それはさきの南京臨時政府も、清朝の遺した北京政府

も、選ぶところがない。

袁世凱は一九一二年四月二九日、参議院で演説した。

あらゆるたてなおしには、財政が要となる。半年以来、工業・商業は荒廃し、税収は激減、外債も目下、償還がとどこおるありさま。これから当面政治を改良するには、外資を入れなくてはならぬ。ゆえにまず財政整理の大綱を定めて、財政の信用を高める。関税は外債・賠償金の担保に押さえられており、税率の引き上げをすみやかに実施しなくてはならない。……塩税の改革、土地税の整理、国幣(こくへい)の改良と幣制の統一などは、財政の最も重要なカギなので、すみやかに断行せねばならない。

唐紹儀

まずかれが懸念したのは、財政の窮乏であり、めざすはとりいそぎ新規の借款を外国からとりつけることであった。当面の窮迫をしのぎ、将来の再建の足がかりとするためである。そのこと自体は、当時の中央政府の立場なら、誰が局に当たっても、避けられないところだった。

しかしながら、参議院を牛耳る南方の「革命」派は、これに対し囂々たる非難を浴びせる。幾度となく議論は紛糾し、借款計画は変更を余儀なくされた。袁世凱もついに業を煮やし、国会との関係ははやくも決定的に悪化する。「共和(a republic)とは不毛な議論ばかりで、ほとんど実効のないものだ」とイギリス公使ジョーダンに語ったのは、この演説直後のことであった。以てかれの態度をうかがうことができる。

そこで苦しい立場に立たされたのが、国務総理に任じた腹心の唐紹儀である。国会の攻勢と大総統の意向との板挟みになったあげく、就任から三ヵ月で政権を投げ出した。かれはあくまで法制に準拠し、ともすれば強引な手法に走ろうとする袁世凱とその周辺に抗したのである。

唐紹儀は一八八〇年代、朝鮮駐在時代から袁世凱につかえ、重用されてきた。いわば軍人政治家と、外国経験を有して社交にすぐれた知識人官僚との組み合わせであり、互いに欠けた資質・才幹をそなえている。その意味で二人は絶妙の配剤、関係が長年つづいてきたのも、うべなえるところだった。

前年の南北和議で唐紹儀が交渉代表に選ばれたのも、その交渉能力が買われたからであろうし、くわえて「革命」派にはかれと同郷の広東人も多かったため、なおさら適任であった。袁世凱が清帝を退けて臨時大総統にまでのぼりつめることができたのも、そのはたらきによると

ころが大きい。

袁世凱が唐紹儀を国務総理に任じたのは、いわばこの和議の継続である。国会との周旋を委ねて、そこで優勢をしめる元「革命」派を自らにしたがわせるつもりだった。袁世凱が責任内閣に賛成してきたのは、現実の政治に役立つからであって、制度そのものの内容に何か重大な関心を有して、評価をしたわけではない。

留学帰りで西洋の政治制度に理解もあった唐紹儀は、そんな袁世凱とは、やはり異なるタイプだった。単なるネゴシエーターとして、敵方と交渉するだけなら、多少の権謀は辞さないものの、首相の政務をそれと同列に扱うわけにはいかない。また、そうした姿勢を顕示し宣伝しておくことが、政治家として以後の自身のキャリアにも有利だと判断したのだろう。これまでは相い補ってきた差異・個性が、かくて反撥に作用して、二人はついに訣別(けつべつ)した。

原則や手続を軽んじて、目的ばかりを性急に追求するのは、実用主義・実務本位の軍人にありがちな行動様式である。戦前日本の軍部もそうだった。袁世凱もどうやら、その例外ではない。当時の唐紹儀との関係は、かれのこうした便宜的な姿勢をよく示している。以後もそれはますます強まり、民国の前途を左右していったのである。

衝　突

ここからは、いわば急坂の石である。もと南北、いま国会と政府との対立は、もはや抜きがたくなっていた。袁世凱は自らの意を体するいまひとりの腹心・趙秉鈞を国務総理にすえ、対立を深める国会の工作に乗り出す。

「臨時約法」は施行後十ヵ月以内の正式な国会召集を定めている。その国会は従来の参議院を改組して二院制とし、選挙で正式な議員を選ぶことになっていた。当時の中国では、四千万人という一握りの男性しか選挙権をもたなかったものの、曲がりなりにも議会制の実施をみたのである。

これに対し「革命」派は宋教仁を中心に、自派の勢力を糾合して、八月、国民党という議会政党を結成した。来たるべき選挙に勝利して、正式な国会でも多数をしめようと、いよいよ活動を活潑化させたのである。

袁世凱を支持する側も、続々と政党を結成して、この動きに対抗する。しかし翌年二月におわったその選挙戦、結果は国民党の圧勝だった。参議院・衆議院ともに半数近くの議席を占め、ほかの袁世凱側の政党すべての議席を上回っている。国民党の領袖・宋教仁はこの勝利をテコに、国会から国務総理に選出され、政権を袁世凱から「革命」派の側に奪還するつもりだった。

惨敗した袁世凱の側は当然、危機感を強める。そこで起こったのが、およそ一ヵ月後、一九一三年三月の宋教仁暗殺だった。かつては袁世凱の魔手だと決めつけ非難してきたこの事件も、再検討がすすんでいる。筆者はその結論の当否を云々する立場にはない。ただ宋教仁の死去で、最も得をしたのが袁世凱だったということは、やはり確かである。

リーダーを失った国民党議員は、政府側の工作によって切り崩され、四月の正式な国会開幕のころには、腰砕けになっていた。袁世凱政権はその間隙をぬって、ようやく念願の借款をとりつける。四月二六日に日・英・独・仏・露の列強五ヵ国と契約した額面二千五百万ポンドの善後大借款(ぜんごだいしゃっかん)であった。

善後大借款は英文名を Reorganization Loan と称する。つまり中国の再建・改革のために必要な資金をまかなうはずのもので、和訳でも「改革借款」と呼ばれたりした。国会の承認を経ずに外債を起こした、と囂々たる批判が出たけれども、すでに後の祭りであった。袁世凱はこれで次の一手に打って出る。

かれに反抗するのは、国会だけではなかった。ジョーダンに語って「駄々っ子(unruly children)」だと評した各省の都督がそうである。都督とは前代の清朝でいえば、督撫に相当するけれども、辛亥革命で北京政府の支配を離脱した上で定着したポストだっただけに、その独立

性は前代よりはるかに高い。そのこと自体は、清朝が退場しても変化がなかった。中央政府の命にしたがわないこともしばしばで、これではとても統一国家とはいえない。袁世凱はここにメスを入れようとしたのである。

槍玉に挙がったのは、やはり「革命」派につらなる都督、江西の李烈鈞(りれっきん)・広東の胡漢民・安徽の柏文蔚(はくぶんうつ)で、袁世凱は一九一三年六月、かれらを一方的に罷免した。これに憤慨した李烈鈞は翌月、袁世凱討伐を宣して挙兵、臨時政府を引き払ったあとの南京をあずかっていた黄興ら、南方の七省が同調し独立を宣言する。どうやら袁世凱の誘いに、うまうまと乗せられた恰好であった。

この事件を「第二革命」と称するものの、さきの辛亥革命とは正反対の結果である。革命軍はすでに兵力で劣るうえに、善後大借款で潤沢な軍資金をえた袁世凱の敵ではなかった。二ヵ月後にあえなく鎮圧され、黄興・李烈鈞・胡漢民らは、日本に亡命する。

中央政府の威信は、著しく高まった。「武昌首義」以来つづいた南北の相剋は、ここにひとまず袁世凱の勝利に帰する形勢が固まってきたのである。

3 洪憲

転換

以下は「第二革命」のさなか、袁世凱が七月二二日に発した臨時大総統令。原文はかなり長いものだが、かいつまんで大意のみを記した。

国会は政府に反抗するばかり。人事にせよ法案にせよ、臨時約法にのっとって同意を求めると、党利党略で再三にわたって否認して、まったく政務がすすまない。中央ばかりではない。地方もひどい。まるで三国志や唐末五代の時代のように跋扈(ばっこ)している。政府の威令はゆきとどかず、税収もわが物として中央に送ってこない。

中央政府・大総統の立場を訴えた内容であり、国会の掣肘と都督の「跋扈」は、いずれも辛亥革命からひきずっていた課題だった。「第二革命」の弾圧で、各省都督はひとまず鳴りをひそめたから、次は北京である。

ただ国会の存在は、なお袁世凱に必要だった。臨時ではなく正式の大総統に任命してもらわなくてはならないからである。それまではとにかく、既存の政体の枠組で動かざるをえない。

着々と工作をすすめ、大総統の選挙実施までこぎつけた袁世凱は、一〇月六日、ようやく国会の支持をえて、正式な大総統に就任することができた。これで正統な権力を手に入れた、と判断したのだろう、矢継ぎ早にその権力の集中強化をすすめにかかる。

一一月はじめ、第二革命で挙兵した李烈鈞と気脈を通じ、国家を危機に陥れた、として国民党の解散を命じ、その議員の資格を剝奪した。「国民党の党略とは、政治改革を名目にして、実は権力を奪おうとするにひとしい」という袁世凱の言は、けだし実感にもとづくものなのだろう。国民党は議席の多数を占めていたから、かれらがいなくなると、国会は機能せずに、休会を余儀なくされた。これに対し、袁世凱は政治会議を設けて、自らの諮問機関とする。

翌一九一四年一月、この政治会議の勧告によって、国会の解散にふみきった。ここまで手を打っておいてから、「臨時約法」に代わる憲法「中華民国約法」を五月に公布、責任内閣に代えて総統制を施行する。年末には、大総統の任期を十年とし、再任も可能とした。一年前とは打って変わった、強力な大総統の誕生である。

袁世凱にいわせれば、すべては共和制と責任内閣に対する失望のいたすところだった。中国

の再建・統合を希求することでは、かれも人後に落ちるものではない。にもかかわらず、その行動・施策を妨げるのが「革命」派・国民党であり、その跳梁を許す臨時約法であり、それが規定する政体のあり方であった。これらをとりいそぎ否定して、フリーハンドをもてる体制を築かねば、という焦慮にかられていたのだろう。国内の混乱は対外的危機に直結し、「瓜分」「亡国」の運命を招きかねない。

第一次大戦勃発後に、日本がつきつけた二十一ヵ条要求は、そんな憂慮を裏書きする事件だったのかもしれない。かれはいよいよ、めざす体制の確立につきすすむことになる。

即位

袁世凱がなぜ、いつから、皇帝になろうと志したのかは、よくわからない。

第一次大戦がはじまるまでは、国会は否定したものの、ひとまず共和制・大総統制の枠組のなかで、権力の集中強化をはかってきたはずである。ところが、あらためてその枠組をはずそうというのだから、決して小さい変化ではない。少なくとも事実経過を追ってみるかぎり、その転機は二十一ヵ条要求にある。

辛亥革命が二千年あまりにわたる中国皇帝制度の終焉であった、とはしばしば眼にする説明

である。しかしこれは、多分に結果論なのかもしれない。宣統帝が退位したばかりの当時、君主制はもはや過去のものになった、という実感があったのかどうか、かなり疑問である。一九一五年から一六年にわたる袁世凱の帝制運動・皇帝即位は、アナクロニズムと評されがちだが、しかし当時の世上、帝制への志向は、皆無ではなかった。さもなくば、以後も「復辟」運動など、起こりえなかったはずである。

そのあたり、稀代の「支那通」内藤湖南も裏書きしてくれる。かれはすでに第二革命の時点で、「袁世凱のような人が帝王の位に即く」、「また帝王の服たる衮冕を服して、帝王の礼たる祭天を行うなどという愚にもつかぬ真似をしてみたくなる」と述べ、つとにこのことあるを予想していた。

もちろん湖南じしんは、中国の将来は共和制に帰すべし、と論じていたから、「共和政体を蹂躙」などと記して、おおむね非難の口吻ではある。にもかかわらず、いわば「支那通」的な知見がそうさせたのだろうか、帝制回帰の気運がたしかに存在することを察知していた。もっとも、それが大勢を占めていたかどうかは、自ずから別の問題である。

「民主」「共和」をやってみてダメだったから、「君主」「帝制」のほうがまだマシとみるのも、当時としては一概に無理な考え方ともいえない。実際、袁世凱とその周辺は、少なくとも実践

的にはそう考えて、ことをすすめたようである。

二十一ヵ条要求を受諾した直後から、その運動ははじまっており、共和政体は中国の国情に合わない、という輿論がわきおこってきた。典型的なのは、一九一五年八月はじめに発表された、グッドナウ教授の「共和と君主論」という論文である。かれはもと袁世凱政権の法律顧問だったアメリカ人政治学者、当時はジョンズ・ホプキンス大学長だった。外国の専門家がみても、中国には君主制がかなっている、と表明したことで、国内での運動がいよいよ活潑になる。

八月下旬には、北京で文武官僚・商業団体が政体改変の必要を表明し、九月には、立憲君主制施行の請願がさかんにおこなわれ、一〇月、国民会議を北京に召集することが決定、一二月一一日その国民会議で政体変更を議決、翌日、袁世凱はその推戴を受けて、以下のように表明した。


天下の興亡は、匹夫(ひっぷ)も責有り、とはいうものの、万民の推戴は責任が重大で、とても菲才の自分に担いきれるものではない。……しかし国民の叱責はいよいよ厳しく、期待もいよいよ切なるものがあり、もはやのがれようもあるまい。

すべてがお手盛りだったこと、いうまでもない。かくて新たな皇室典範を起草、翌一九一六年を「中華帝国洪憲元年」と定めた。年号の「洪憲（こうけん）」とは、「憲法を洪揚する」という意味にもなり、立憲制は堅持している。

けっきょくかれは、清帝退位以前の「君主立憲」に回帰した。それが日本をモデルにしていたことも同じである。その点からみても、二十一ヵ条要求を契機とした日本への対抗という要素は、袁世凱の皇帝即位に関して、想像以上のウエイトを置いて考えるべきものなのかもしれない。かれが臨終のさい「日本が為に一大敵を去る、中国の共和を再造するを看る」と書き残したのも、その機微にふれたとみるべきだろうか。

終　焉

袁世凱が皇位推戴をうけてから、およそ二週間たった一二月二五日、全国に電報がまわった。雲南省が独立する、というのである。その首謀者は同省都督の蔡鍔（さいがく）・将軍の唐継尭（とうけいぎょう）で、いずれも袁世凱の部下、北洋軍の軍人だった。いったんは北京でその即位に賛同しながら、極秘に雲南へもどって反旗を翻したのである。

帝制の撤廃を求めた挙兵であり、これを護国軍（ごこくぐん）という。またもや地方の独立、辛亥革命・第

二革命の再現だった。これで「第三革命」となる。

しかし前回とちがって、今度は袁世凱も不意をつかれたらしい。対処にあたって、まず対外的に根回しが行きとどいていなかった。とりわけ二十一ヵ条要求を呑ませてから、皇帝即位の動きを傍観していた日本政府が、にわかに反対

蔡　鍔

の態度を明らかにしたことで、苦しい立場に追い込まれている。

また国内も不穏になってきた。雌伏していた「革命」派が護国軍に乗じて、厳しい非難の声をあげ、社会主義など新思想を身につけた学生らも、皇帝お膝もとの北京で、専制を批判しはじめる。

そして袁世凱にとって決定的だったのは、やはり軍事情勢である。とりいそぎ組織した鎮圧軍が一戦して大敗すると、配下の部将たちが情勢を観望しはじめた。まもなく貴州・浙江・陝西・四川・湖南の各省も、雲南に同調して北京政府から離脱してゆく。

そんななか、最も有力な部下だった馮国璋が、各省に打電、帝制撤廃と停戦和睦をよびかけ

た。かれが南京に駐在していたことは見のがせまい。電報を目にした袁世凱は、これで引導をわたされたも同然、二日後の一九一六年三月二二日、「君主立憲」の政体を取り消す宣言を出し、皇帝推戴を撤回した。「中華帝国」のあまりにあっけない幕切れである。

即位をすすめた人々を糾弾する声に対し、かれは「人のせいにはできぬ」、「自分が悪かったのだ」、「諫言を聴かなかったのは恥ずかしい」と漏らした。つねに巧みな出処進退で、危機をくぐりぬけてきた生涯。最後の最後に、読み誤ったことを悟ったのであろうか。らしからぬ弱気な発言にもみえる。

馮国璋

かれはすでにこのころ、病魔に襲われていたらしい。即位撤回からまもなく、発症したともいう。第三革命に有効な対策が打てなかったのは、そのために気力が失われていたからなのかもしれない。

二ヵ月あまりたった六月の初め、危篤に陥り、六日に歿した。享年五十八。それまでが頑健で精力的だっただけに、若すぎる急死といってよい。死因は尿毒症、失意のうちに悶死、とはしばしばいわれる

ところである。あたかも「中華帝国」が道連れにしたかのよう、あっけない逝去ではあった。

葬られたのは、河南省の安陽、かつて隠棲した彰徳である。洹水のほとりで、という遺言による。国葬に付し、広大な陵墓を営んだ。中華民国初代大総統にふさわしい格式・規模ではある。それだけに、後の悪評がいっそう際立つのは、是非もない次第だった。

おわりに――袁世凱とその時代

中国

「中華帝国」の消滅と袁世凱の逝去は、事態を何も変えなかった。政権にたえず反抗する地方、その地方をおさえきれず、目まぐるしく変わる中央政府。治安は悪化の一途、戦火も絶え間ない。長くみれば、中華人民共和国の建国まで続いた事態であって、それが袁世凱の遺産なのだとすれば、かれが後世から非難を受けるのも当然である。

しかし袁世凱がめざした中国とは、ほんとうにこんな国だったのか。いかに権力欲にとりつかれていたにせよ、中国がどうなってもいいと思っていたのだろうか。

生涯をひととおりたどってきたわれわれは、そうではない、と断言できる。かれは主観的には、あくまで中国の富強と統一を願っていた。権力の座のみをめざしたかにもみえる行蔵も、保身を別とすれば、そうした動機が多くを占めていた、といってよい。

それなら、かれを肯定的に評価すべきなのか。目的を遂げられなかった以上、やはり手放し

で称賛するわけにもいくまい。

袁世凱に罵詈雑言、あるいは拍手喝采を浴びせればすむ問題ではない。むしろ考うべきは、その主観的目標が実らなかった、そして後世の悪評を一身に受けざるをえなかった原因にある。それには、当時の中国そのものをみすえなくてはなるまい。

袁世凱の生涯をみると、最も輝かしい時期は、やはり二〇世紀の初頭、直隷総督に任じていたときだろう。大いに治績をあげ、清朝の柱石とまで頼まれた。それが中央政府に乗りこむや、革命の成果を盗み取り、軍閥の混乱を遺した、といわれる悪しき末路をたどる。とても同じ人間のやったことと思えない落差、しかも十年ほどの短い間にである。

天津でうまくいったのと北京でうまくいかなかったのとは、じつにコインの両面のような関係にある。当時はまさに各省が力をもちえて、中央はその逆の時代だった。

袁世凱が大総統として苦しみ、その蹉跌の原因をなしたのは、南北対立である。「武昌首義」で発現したこの趨勢は、首都で総統府と参議院、全国では北京と各省、というように、辛亥革命後も形をかえて継起した。表面的には主義・主張の対立、政体・政局をめぐる争い、軍事的な圧迫・抵抗に映るかもしれない。しかし本質は決して、そんなところにはなかった。

辛亥革命も第二革命も第三革命も、北京に反抗し中央から離脱する各省分立という趨勢・動

態ではまったく同じである。それは一九世紀の末、「戊戌変法」「東南互保」ですでに始まっていた。その動きの初発に、袁世凱じしんも率先して参加していたはずである。

事　蹟

かれは中国最精鋭の軍隊を育成掌握し、それを資本にのしあがった。これは李鴻章時代以来の「督撫重権」の体制に乗じたものである。そこまでは順境であって、天津時代の治績もそれにもとづいていた。ところが中央に移ってから、暗雲がたれこめる。載灃との対立はいわずもがな、大総統にのぼりつめても、そうだった。

当時のかれがめざしたところは、立憲政体の確立と中央権力の強化を通じた中国の統一である。そのかぎりで、「戊戌変法」の光緒帝・康有為主従、袁世凱を追放した載灃政権の目標・行動様式とかわらない。袁世凱政権も従前の中央政府のリバイバルだった。

袁世凱政権は辛亥革命の混乱のなか、内外の輿望をになって登場した。当時、革命の成果を詐取した、と批判した者は稀である。立場は一様ではなかったにせよ、それぞれの勢力が寄せたかれに対する期待は、決して小さくなかった。にもかかわらず、第二革命・第三革命の継起を避けられなかったのは、民国の袁世凱政権が第一の辛亥革命以前、日清戦争以後に変質した

清朝と、さして異ならない中央政府だったからである。

かれはあくまで北京・中央の立場から、体制権力の強化をめざし、そのために地方との相剋と北京の孤立を招いた。第二革命で袁世凱・中央が勝利しえたのは、「革命」派・地方の準備不足をついたこと、また外債で資金が豊富だったことによる。清末にいわれた「洋人の朝廷」、外国の力を借りて地方を圧迫する、という構図そのままであった。

最後は第三革命で各省の離反と軍閥の混戦を招き、北京は地方が従わない中央政府、いわば「地方なき中央」と化してしまった。地方がなくては中央もないはずだが、当時の中央政府とは、国内では必ずしも認められず、外国だけが承認している、という奇妙な存在だったのである。

当時の各省は、外国と直接関係を深めて経済成長をとげ、中央・他地域への依存を弱め、自立的な財政・軍事の運営が可能になっていた。たとえば、日本といわゆる旧満洲との関係は、その典型だろう。ほかの地域も大なり小なり、同じ傾向にあって、それが強まったのは、一九世紀の最末期から二〇世紀の一〇年代だった。あたかも中央政府が変質し、地方軍閥が勃興した時期と重なり合っている。

袁世凱はそんな中央・地方関係の来歴・趨勢・実態をどこまでわかっていたのか。その言動

によるかぎり、西洋的な立憲制や近代国家の概念にとらわれ、マクロな構造・動態は洞察できていなかった、といえる。もとよりそれは、かれ一人のことではない。当時のほとんどの人士も、その例に漏れなかった。そう考えれば、かれの施策が地方と中央の有機的な結合ではなく、反目と抗争を生み出すだけに終わったのも、必然だったのかもしれない。

役割

したがって、統一すべき中国が、袁世凱のせいで分裂した、とみるのはおかしい。清朝の、少なくとも清末の中国は、近代国家の基準からすれば、つとに分裂状態だったからである。かれはむしろ、中国史上はじめて、大総統・君主として中央集権・統一の内実ある近代国家をつくろうとした。しかし当時の実態を理解できず、失敗におわる。既存既成の分裂状態が、その失敗を契機に、軍閥混戦という生々しい形をとって顕在化した。

それでも集権・統一に向け、袁世凱の果たしたことは、全くのゼロではない。ひとつ例をあげよう。すでに述べた善後大借款をめぐる財政についてである。

この外債を起こすにあたって、袁世凱政権は塩税収入を担保にした。外国からみて、確実な償還をみこめる財源が、ほかになかったのである。それでもその課税徴税は、複雑にして紊乱(びんらん)

をきわめ、中央政府に入る実収入はごく限られたものだったから、列強は借款供与の条件として、外国人顧問を入れた塩税行政の改革を求めた。

袁世凱政権はこれをテコに、はば広い財政金融の改革をすすめる。塩税の改革、および内債の発行によって、地方が差し押さえていた税収をとりあげ、先取りしようとした。また地方の発行していた多種多様な貨幣・紙幣を、中央発行の「国幣」に置き換え、幣制の一元化をはかっている。いずれも地方の自立化を抑え、集権・統一をめざす方策だった。

袁世凱銀元

写真はその一元貨幣、俗に「袁頭（えんとう）」といった。われわれが袁世凱銀元と呼称する、かれの顔を模したこのコインの運命が、本人の事蹟をも象徴する。

一九一四年に発行されたこの銀貨は、当初のあいだ、流通がひろがらなかった。なお各地の自立的な経済構造が根強く、現地発行の通貨が優位を保っていたからである。袁世凱政権の改革事業は、まぎれもなく失敗だった。

ところがかれの歿後、中国経済が「黄金時期」を迎えるとともに、袁世凱銀元は在来の地方

通貨を駆逐して、全国規模で流通しはじめる。本人がなしえなかった中国統合の道を、肖像をもつコインが切り開いた。これはおよそ二十年の後、蔣介石(しょうかいせき)政権が断行する幣制改革の先駆、地ならしをしたものである。

通貨にとどまらない。袁世凱の事業は、塩税・内債からはじまって軍事にいたるまで、多くの面で蔣介石の先駆である。というよりも、先駆でしかありえなかった。当時はなお、機が熟していなかった、というべきだろうか。

だとすれば、先駆者とはつらいもの、袁世凱だけを責めるわけにもいくまい。統一への希求という時代思潮と、現実の政治経済構造との乖離、その程度を洞察して、永続する有効な政策をとりえた人物など、果たしていただろうか。壁にぶつかっては、挫折をくりかえしてきたのではないか。蔣介石しかり、毛沢東(もうたくとう)しかり。さらには現在の習近平(しゅうきんぺい)も、どうやら例外ではなさそうだ。そう見ると、袁世凱とその時代はまさしく、現代までつづく中国政治のひとつの出発点をなしている。

人物

ここまであえて避けてきたこと、袁世凱の人物を少し述べてしめくくりたい。評伝なのだか

ら、それを真っ先につかまえたうえで、構成を組み立てるのが、むしろ正攻法なのだろう。しかし、ふつつかな歴史家には、とても無理な芸当、知りうる事蹟の客観的な復原に全力をあげざるをえなかった。そこから帰納できることを補うほかない。

証言はいろいろある。梁啓超は袁世凱とともにいると、美酒を飲むようだった、と称賛したらしいし、袁世凱の物腰や気配りを目の当たりにして感激する例は、文官の曹汝霖（そうじょりん）はじめ、ほかにも少なくない。社交は巧みだったようである。

かたや、あまり褒めていないのが、吉野作造（よしのさくぞう）。かれは一九〇六年より三年間、袁世凱の息子の家庭教師だった。袁世凱本人と会ったときのことも書き記している。

> 話し振りの如何（いか）にも打ち解けた、且（かつ）愛嬌滴（したた）るばかりの容貌にて親切なる言葉を向けらるゝので、特に手を握るにも如何にも親情を込めたるらしき念入りの堅い握り様で、予は慕はしいやうの感情を持つて分れた。……今から回想すればツマリ首尾能（よ）く翻弄されたのだが、併（しか）し応対振（ぶり）の巧妙を極むることは感服に堪らない。

吉野も感激した例に含まれるのだが、事後にその虚偽を喝破したのである。虚偽というと、適

切な表現ではないかもしれない。むしろ眼前のとりくむべきものに、全力最善の対処をした、とみるべきで、つまりは実直なのである。酒もアヘンも嗜まなかった、という。

以上はごく卑近な社交や人間関係のたぐいにすぎない。けれどもそれは、かれの公的生涯でも、同じことがいえそうである。

袁世凱は目前の課題には、全力でとりくんだ。朝鮮問題・小站練兵・戊戌政変・天津復興・北洋軍建設・清帝退位・中央集権、いずれもしかりである。それぞれに最善の答えを出そうとした。しかし、出した結果の総計は、どうであったか。

けっきょくかれは、目に見えることを目の届くかぎりで処理できても、中国全体に関わる大計を扱うには、ふさわしくない人物だった。天津では地方大官として、中央では大総統として、その立場と視野でしか行動していない。合わせれば、矛盾をきたす。

その意味で、かれを孫文と並べて罵った北一輝の評言は、意外に当を得ている。いわく「世評のごとき奸雄の器にあらずして堕弱(ママ)なる俗吏なりき」と。実務の処理を黙々粛々とこなす典型的な官僚タイプであり、目的の達成のためには手厚い社交も、冷酷な暗殺も厭わない。「堕弱」かどうかはともかく、「俗吏」は言い得て妙である。

袁世凱は「共和」に対する態度や皇帝への即位でわかるとおり、最新流行の時代思潮や理論

的抽象的なイデオロギーに迎合することはまったくなかった。いわばファッショナブルではなかったのであり、「俗吏」あるいは実直な官僚とは、そういう謂でもある。

ファッションとは人間世界の本質に関わらない虚飾なのかもしれない。けれども、輿論を動かす大きな力をもっている。いまなら、芸能界やアイドルを思い浮かべればよい。中国史でも、そうした虚飾は重要である。名君と称せられてきた君主は、唐の太宗あたりを筆頭に、多かれ少なかれ宣伝虚飾に長けていた。実績とは必ずしも比例しない。

袁世凱の先輩・清朝の名臣に限ってみても同じ、曾国藩はいわば、アイドルだった。かれよりはるかに能力も実績もあったはずの李鴻章は、実務家ゆえに必ず格下にみられる。それでも雄大な体軀、豊かな経歴に裏づけられた威厳があった。それも虚飾にほかならない。

袁世凱には、それすらなかった。あるのは、ナマの政治力・軍事力、つまり実務能力のみ。エリート学者官僚の張之洞を「空疎」だとした手厳しい批評もあって、やはり同じ文脈からのものだろう。

虚飾がないといえば、あるいは褒め言葉になりかねない。飾らないので、言動も往々にして、むき出しだった。

袁世凱じしんが上昇期と没落時とで、それほど変わったわけではない。中国の政治経済構造

もそうである。変わったのは、かれの立場と時代の風尚である。従来の価値観・世界観の揺らいだ時期には、その実直な言動は、地方官として冷徹・果断に見えた。ところがファッションの方向が定まるや、同じ実直さは逆に、元首としてむき出しの醜悪さ、生臭さに転化する。

帝制・専制は悪であり、立憲・共和が善、外国への妥協は悪であり、反帝国主義が善、などといった、当時の時代思潮・イデオロギーは、現在も牢乎として支配的である。それがいかほど、中国の歴史・現実を反映しているかは、多分に疑わしい。そのなかで、実務に徹したがゆえに、褒貶さだまらぬ袁世凱の生涯は、中国のありようを映し出す「鑑(かがみ)」にもなりうるだろう。

あとがき

「袁世凱は嫌い。」

つい最近まで、こう公言して憚らなかった男が、その評伝を書くのだから、世の中は皮肉なものである。

筆者にはどうも、史上悪評に満ちた人物を好む習性があって、自分の文章でもあえて、そういう人たちをとりあげてきた。清末の李鴻章しかり、その部下の馬建忠しかり。イギリス人なら、極東の外交官オルコックしかり、民国の税関長アグレンしかり、……。

しかし悪口をいわれていれば、誰でも好きなわけではない。世評と同じく好きになれない人物もいる。たとえば「国を盗んだ」袁世凱は、その最たるもの。

まだ若いころ、少し知って、嫌いになり、立ち入って調べて、いよいよ嫌いになった。蛇蝎（だかつ）のように、とつけくわえてもよい。それ以上に調べる気もおこらなかった。学界での再検討、再評価に納得はしても、関心の持ちようは、急には変えられない。

そんな態度がやや変わったのは、李鴻章を書いてみてからである。かれは新しい時代の到来を予感しながら、実見することなく世を去った。その逝去を見送って、感情移入していたのか、代わりにみとどけてやろう、などとお節介なことを思ったのである。

そうするには、後継者と目される袁世凱を追うのが、何より捷径。それからは嫌いながらも、かれを少し意識して見つめるようになった。

岩波書店の小田野耕明さんから、次は袁世凱ですね、とお声がけをいただいたのは、ちょうどそのタイミングである。世上にあまり関心のない中国史、なかでも名うての嫌われ者を本にしてやろうという意識の高さに、まずは瞠目した。

また希有の機会でもある。あたかもよし、いささか参照に不便だった袁世凱関係の資料が、中国でまとまって出ることも知り、いま勉強しておかないと、もはや一生できない、とも思った。どうも門外漢の下心が勝っての執筆になり、お恥ずかしい次第である。お断りすべきだったと、擱筆した今でも思わなくはない。

悪評ある人物をみるには、その立場を当時の文脈に還元して考え、悪口の根拠をみきわめることが不可欠。そこに歴史を解き明かす鍵がある。小著でも袁世凱の言動をつとめて客観的に

みようとした。

伝記といえば、何より人物が見えなくては不可で、それには生活の私的な側面にまで深入りすべきだ、という考え方もあろう。確かに袁世凱は一妻九妾をかかえ、朝鮮の王宮からつれてきた者もいたとか、合わせて三十人以上の息女をもうけたとか、皇帝即位でその一家が舞い上がったとか、私生活でもエピソードには事欠かない。けれどもそのような話柄は、およそ問題ではなかった。かれの公的生涯を左右したとは思えないからである。

その面に立ち入らなくとも、大物政治家の事蹟を一冊の新書にまとめるのだから、そもそも紙幅が足らない。書いては削り、書いては削り、の往復作業。何もかも精細に書き込むのは、はじめから無理だとわかってはいたけれど、ほんとうに骨格しか残らない。そんな骨格で何を伝えるのか。それは袁世凱が生き、かれを生かした時代ではなくてはなるまい。

そこまで思い至って、少し気が楽になった。嫌いな人物に正面から向き合う、というので、いささか肩に力が入っていたようではある。

天寿を全うしたとはいえぬその死を見送った後、さて袁世凱に対する印象・好悪はどうなったか、といえば、そんなにかわりばえしていない。むしろ嫌いなまま、人間の感情というのは、そうそう変化するものではないのだろう。

しかしおびただしい悪評のほとんどが、ためにする、あるいは一知半解の誹謗であることは納得できた。それを生み出す、かれの事蹟と時代を描いた心算ではある。もっとも、めざしたそのことが、小著でどこまで実現できたか、ありがたくも手にとっていただいた読者諸賢のご判断に委ねるほかない。

「知命」といういい歳になりながら、袁世凱を通じて、ようやく悟りえたこともある。食わず嫌いはダメ、というごくあたりまえな訓戒である。この日常生活の常識が、いざ研究の営為では、いかにないがしろにされていることか。問題関心・課題設定など、いかめしい言い回しをしたところで、煎じつめれば、しょせんは興味であり、好悪である。容易に主観・偏見に転化しかねない。筆者の袁世凱がまさにそれであった。食べてみると、嫌いなものも身近に感じられることはある。

ただ、嫌いなものに肉薄するには、勇気がいる。それを支えてくださったのは、まずは周到なご配慮をいただいた編集の小田野さんと中山永基さん。畏友の吉澤誠一郎さん、村上衛さんは専門のお立場からする懇切な批正で、背中を押してくださった。年譜の作成には、研修員の根無新太郎さんの手をわずらわせた。第一章の扉にあしらった袁世凱の印は、書家の大谷青嵐

さんから譲り受けたものである。記して満腔の謝意をあらわしたい。

日本人こぞって嫌中の時代である。嫌いなのは自由だが、嫌いなものをほんとうに嫌うべきか知るためにも、接してみなくてはならない。中国人も唾棄する袁世凱は、その中国人の一典型であるから、かれらを知るにも好個の題材ではないだろうか。先人が「梟雄」「怪傑」と描いてきた袁世凱とややちがった影像ではあれ、われわれの日中関係に少しでも資するところがあれば、望外の喜びである。

二〇一四年一〇月　秋晴れの賀茂を見わたしながら

岡本隆司

参考文献

袁世凱にまつわる書物は、日本語だけなら、あるいはさほど多くないかもしれない。けれども漢語・洋書の伝記のたぐいをふくめると、数え切れなくなる。別の主題で関連するものまでひろげれば、いよいよ無数といってよい。

玉石混淆であるので、漢語は史料と著作を一点づつあげるにとどめる。史料はやはり、公私の文書・著述を網羅して時系列に集成した、

『袁世凱全集』駱寶善・劉路生主編、全三十六冊、國家清史編纂委員會文獻叢刊、河南大學出版社、二〇一三年

が便利である。そして手ごろな入門の著作として、

『駱寶善評點袁世凱函牘』嶽麓書社、二〇〇五年

を推す。書翰を中心に袁世凱の関係史料を紹介しながら、歴史をたどったもので、すこぶる便利。読み物としても興味深い。

さらに、アメリカの研究書三点と関連の書籍を若干。いずれも中国的なバイアスから自由で、客観的な検討描写を心がけたものである。

Jerome Ch'ên, *Yuan Shih-k'ai, 1859–1916: Brutus Assumes the Purple*, Stanford, 1961

（邦訳）守川正道訳『袁世凱と近代中国』岩波書店、一九八〇年

邦訳書所収の竹内実「大正期における中国像と袁世凱評価」が大いに参考になる。また同じ著者の続編ともいうべき、

陳志讓『軍紳政權——近代中國的軍閥時期』香港三聯書店、一九七九年

（邦訳）北村稔・岩井茂樹・江田憲治訳『軍紳政権——軍閥支配下の中国』岩波書店、一九八四年

も読みごたえがある。

Ernest P. Young, *The Presidency of Yuan Shih-k'ai: Liberalism and Dictatorship in Early Republican China*, Ann Arbor, 1977

（邦訳）藤岡喜久男訳『袁世凱総統——「開発独裁」の先駆』光風社出版、一九九四年

民国期を中心としたもので、邦訳書は註を省略したのが残念。訳者にもおびただしい著述があり、

藤岡喜久男『張謇と辛亥革命』北海道大学図書刊行会、一九八五年

をはじめとする一連の張謇・辛亥革命研究は、袁世凱をつぶさに知るにも欠かせない。

いずれの洋書も、小著でとりあげるべくして論及のかなわなかった、モンゴル・チベットなど、いわゆる民族問題に一定の言及がある。

以上では、なお天津時代が手薄ということなら、

Stephen R. MacKinnon, *Power and Politics in Late Imperial China: Yuan Shi-kai in Beijing and Tianjin, 1901–1908*, Berkeley, 1980

で補うことができよう。関連して、

吉澤誠一郎『天津の近代――清末都市における政治文化と社会統合』名古屋大学出版会、二〇〇二年は、袁世凱の時代と中国の「近代」を考える上でも、必読である。

索 引

あ 行

か 行

さ　行

た　行

な　行

は　行

ま　行

や　行

ら　行

わ 行

袁世凱略年譜

（太字は袁世凱本人に関する記事）

西暦	元号	年齢	出来事
1851	咸豊 1		1 太平天国蜂起．
1853	咸豊 3		曾国藩，湘軍を結成．3 太平天国，南京占領．
1859	咸豊 9	1	5 袁甲三，漕運総督代行に任命．9 **河南省張営村で生まれる．**
1861	咸豊 11	3	11 同治帝即位．西太后，垂簾聴政開始．
1862	同治 1	4	2 李鴻章，淮軍結成．
1864	同治 3	6	7 太平天国滅亡．
1865	同治 4	7	**叔父，袁保慶の養子となる．**
1869	同治 8	11	**南京に移住．**
1873	同治 12	15	養父，保慶死去．
1879	光緒 5	21	**郷試に落第．** 養父の従弟，袁保恒死去．
1881	光緒 7	23	5 **登州駐留の淮軍・呉長慶軍に属す．**
1882	光緒 8	24	7 壬午変乱．8 大院君拉致．**呉長慶軍に従い，ソウルに入り，朝鮮旧軍を掃蕩．五品同知となる．以後，ソウルに駐留．**
1884	光緒 10	26	12 甲申政変．**ソウルで日本と交戦．**
1885	光緒 11	27	4 日清天津条約．6 天津武備学堂設立．7 露朝密約事件．9 李鴻章，大院君帰国を決定．**そのソウル護送を命ぜらる．** 10 **「摘姦論」．総理朝鮮交渉通商事宜に任命．**
1887	光緒 13	29	**朝鮮国王廃立計画．**
1888	光緒 14	30	デニー『清韓論』．
1889	光緒 15	31	3 光緒帝，親政開始．10 防穀令事件．
1893	光緒 19	35	2 大石正己，ソウル駐在日本公使に着任．6 大石，日本に帰国．
1894	光緒 20	36	3 東学蜂起．5 全州陥落．朝鮮政府，清朝に援軍要請．6 日本政府，朝鮮派兵．7 **帰国．** 8 日清戦争．11 ハネケン，軍事改革を進言．
1895	光緒 21	37	4 下関条約締結．5 **帰郷．** 11 康有為，北京で強学会を結成．12 **小站練兵，新建陸軍の編成．**
1897	光緒 23	39	7 **直隷按察使に任命．**
1898	光緒 24	40	6 国是の詔．栄禄，直隷総督代行．9 礼部六堂官罷免．李鴻章罷免．**入京，侍郎候補に任**

			命．西太后，頤和園から帰還，垂簾聴政復活．**天津帰還**．栄禄，上京．**直隷総督を代行**．10 裕禄，直隷総督着任．**小站に戻る**．12 **入京**．
1899	光緒 25	41	3 毓賢，山東巡撫に就任，義和団を公認．栄禄，武衛軍を創設．6 **工部右侍郎に任命**．12 **毓賢の後任として山東巡撫を代行**．
1900	光緒 26	42	義和団，直隷へ北上．3 **山東巡撫に任命，新建陸軍を帯同**．5 義和団，涿州城を占領．6 ドイツ公使ケテラー殺害．北京政府，列強に宣戦，義和団と東交民巷を包囲攻撃．東南互保．**山東省で義和団を弾圧**．7 李鴻章，直隷総督兼北洋大臣に再任．八ヵ国連合軍，天津攻略．劉坤一・張之洞「江楚會奏」．天津に都統衙門設置．8 八ヵ国連合軍，北京に入る．西太后・光緒帝，西安に蒙塵．
1901	光緒 27	43	9 北京議定書．11 李鴻章死去．**直隷総督兼北洋大臣を代行，保定に赴任**．
1902	光緒 28	44	1 日英同盟．5 **天津返還交渉**．6 **李鴻章の後任として直隷総督兼北洋大臣に任命**．8 天津返還，**天津に移駐**．**巡警総局・北洋巡警学堂設置**．9 **新建陸軍を北洋常備軍に改編**．
1903	光緒 29	45	2 **科挙廃止を上奏**．4 栄禄死去．12 練兵処設置，**副大臣に任命**．
1904	光緒 30	46	2 日露戦争．9 各地の「新軍」，全国的に改編．
1905	光緒 31	47	6 **北洋六鎮の成立**．9 ポーツマス条約締結．10 **河間秋操**．
1906	光緒 32	48	10 **彰徳秋操**．
1907	光緒 33	49	4 東三省に督撫を設置．7 第一次日露協約．9 **軍機大臣兼外務部尚書に任命**．
1908	光緒 34	50	8 憲法大綱発布．11 光緒帝・西太后崩御．12 宣統帝即位．
1909	宣統 1	51	1 **罷免，隠棲**．10 張之洞死去．諮議局開設．
1910	宣統 2	52	10 資政院開設．
1911	宣統 3	53	5 内閣制度開始．10 武昌首義．**政府に復帰，鎮圧軍の総司令官となる**．11 **内閣総理大臣に任命**．憲法信条十九条頒布．北洋軍，漢口・漢陽を奪還．上海で各省都督府代表連合

			会結成．12 武漢で停戦協定締結．南北交渉始まる．孫文，中華民国臨時大総統に選出．
1912	民国 1	54	1 南京臨時政府発足．2 宣統帝退位，清朝滅亡．孫文，臨時大総統を辞職．臨時政府参議院，袁世凱を臨時大総統に選出．3 **北京で臨時大総統に就任**．臨時約法制定．唐紹儀内閣成立．6 唐紹儀，国務総理を辞職．8 宋教仁を中心に国民党結成．
1913	民国 2	55	2 国民党，選挙圧勝．3 宋教仁暗殺．4 北京で国会開会．**善後大借款契約**．7 第二革命．9 **第二革命鎮圧**．10 **中華民国大総統に就任**．11 **国民党解散を命令．政治会議設置**．
1914	民国 3	56	1 **国会解散**．2 **国幣条例施行，袁世凱銀元の発行**．5 **中華民国約法公布，臨時約法廃止**．7 第一次世界大戦勃発．8 **第一次大戦に対し局外中立を決定**．日本，ドイツに宣戦布告．11 日本，青島占領．12 **大総統選挙法改正**．
1915	民国 4	57	1 二十一ヵ条要求．5 **二十一ヵ条要求を受諾**．8 グッドナウ「共和と君主論」．12 **国民会議より皇帝に推戴**．第三革命．
1916	民国 5 (洪憲 1)	58	2 **即位延期**．3 南京の馮国璋，帝制撤廃と停戦を各省に打電．**帝位撤回，「中華帝国」廃止を宣言**．6 **死去**．

岡本隆司

1965年 京都市生まれ
1993年 京都大学大学院文学研究科博士課程満期退学
現在 ― 京都府立大学文学部准教授
専攻 ― 近代アジア史
著書 ―『近代中国と海関』
『属国と自主のあいだ ―― 近代清韓関係と東アジアの命運』(以上，名古屋大学出版会)
『馬建忠の中国近代』(京都大学学術出版会)
『世界のなかの日清韓関係史 ―― 交隣と属国，自主と独立』
『中国「反日」の源流』(以上，講談社選書メチエ)
『李鴻章 ―― 東アジアの近代』(岩波新書)
『近代中国史』(ちくま新書) ほか

袁世凱 ― 現代中国の出発　　岩波新書(新赤版)1531

2015年2月20日　第1刷発行

著　者　岡本隆司（おかもとたかし）

発行者　岡本　厚

発行所　株式会社 岩波書店
〒101-8002 東京都千代田区一ツ橋2-5-5
案内 03-5210-4000　販売部 03-5210-4111
http://www.iwanami.co.jp/

新書編集部 03-5210-4054
http://www.iwanamishinsho.com/

印刷・三陽社　カバー・半七印刷　製本・中永製本

ISBN 978-4-00-431531-5　　Printed in Japan

岩波新書新赤版一〇〇〇点に際して

ひとつの時代が終わったと言われて久しい。だが、その先にいかなる時代を展望するのか、私たちはその輪郭すら描きえていない。二〇世紀から持ち越した課題の多くは、未だ解決の緒を見つけることのできないままであり、二一世紀が新たに招きよせた問題も少なくない。グローバル資本主義の浸透、憎悪の連鎖、暴力の応酬――世界は混沌として深い不安の只中にある。

現代社会においては変化が常態となり、速さと新しさに絶対的な価値が与えられた。消費社会の深化と情報技術の革命は、種々の境界を無くし、人々の生活やコミュニケーションの様式を根底から変容させてきた。ライフスタイルは多様化し、一面では個人の生き方をそれぞれが選びとる時代が始まっている。同時に、新たな格差が生まれ、様々な次元での亀裂や分断が深まっている。社会や歴史に対する意識が揺らぎ、普遍的な理念に対する根本的な懐疑や、現実を変えることへの無力感がひそかに根を張りつつある。そして生きることに誰もが困難を覚える時代が到来している。

しかし、日常生活のそれぞれの場で、自由と民主主義を獲得し実践することを通じて、私たち自身がそうした閉塞を乗り超え、希望の時代の幕開けを告げてゆくことは不可能ではあるまい。そのために、いま求められていること――それは、個と個の間で開かれた対話を積み重ねながら、人間らしく生きることの条件について一人ひとりが粘り強く思考することではないか。その営みの糧となるものが、教養に外ならないと私たちは考える。歴史とは何か、よく生きるとはいかなることか、世界そして人間はどこへ向かうべきなのか――こうした根源的な問いとの格闘が、文化と知の厚みを作り出し、個人と社会を支える基盤としての教養となった。まさにそのような教養への道案内こそ、岩波新書が創刊以来、追求してきたことである。

岩波新書は、日中戦争下の一九三八年一一月に赤版として創刊された。創刊の辞は、道義の精神に則らない日本の行動を憂慮し、批判的精神と良心的行動の欠如を戒めつつ、現代人の現代的教養を刊行の目的とする、と謳っている。以後、青版、黄版、新赤版と装いを改めながら、合計二五〇〇点余りを世に問うてきた。そして、いままた新赤版が一〇〇〇点を迎えたのを機に、人間の理性と良心への信頼を再確認し、それに裏打ちされた文化を培っていく決意を込めて、新しい装丁のもとに再出発したいと思う。一冊一冊から吹き出す新風が一人でも多くの読者の許に届くこと、そして希望ある時代への想像力を豊かにかき立てることを切に願う。

（二〇〇六年四月）

現代世界

哲学・思想

- ヘーゲルとその時代 権左武志
- 柳 宗悦 中見真理
- 人類哲学序説 梅原猛
- 加藤周一 海老坂武
- 哲学のヒント 藤田正勝
- 空海と日本思想 篠原資明
- 論語入門 井波律子
- トクヴィル 現代へのまなざし 富永茂樹
- 和辻哲郎 熊野純彦
- 西洋哲学史 近代から現代へ 熊野純彦
- 西洋哲学史 古代から中世へ 熊野純彦
- 現代思想の断層 徳永恂
- 宮本武蔵 魚住孝至
- いま哲学とはなにか 岩田靖夫
- 西田幾多郎 藤田正勝
- 善と悪 大庭健

- 丸山眞男 苅部直
- 世界共和国へ 柄谷行人
- ラッセルのパラドクス 三浦俊彦
- 古代中国の文明観 浅野裕一
- 悪について 中島義道
- ポストコロニアリズム 本橋哲也
- ハイデガーの思想 木田元
- 現象学 木田元
- 私とは何か 上田閑照
- 戦争論 多木浩二
- キケロ 高田康成
- プラトンの哲学 藤沢令夫
- 術語集 II 中村雄二郎
- 臨床の知とは何か 中村雄二郎
- 術語集 中村雄二郎
- 哲学の現在 中村雄二郎
- 内村鑑三 鈴木範久
- モーセ 浅野順一
- マックス・ヴェーバー入門 山之内靖

- 民族という名の宗教 なだいなだ
- 権威と権力 なだいなだ
- ニーチェ 三島憲一
- 「文明論之概略」を読む 上・中・下 丸山真男
- 日本の思想 丸山真男
- 文化人類学への招待 山口昌男
- 生きる場の哲学 花崎皋平
- イスラーム哲学の原像 井筒俊彦
- アリストテレス 山本光雄
- 近代日本の思想家たち 林茂
- 孟子 金谷治
- 知者たちの言葉 斎藤忍随
- プラトン 斎藤忍随
- 朱子学と陽明学 島田虔次
- デカルト 野田又夫
- ソクラテス 田中美知太郎
- 現代論理学入門 沢田允茂
- 哲学入門 三木清